Christel Wismans

Voilà!
El-fie et Scherie-hi

Bibliografische Information der Nationalbibliotheken:
Die Deutsche Nationalbibliothek verzeichnet diese Publikation in der Deutschen Nationalbibliografie; detaillierte bibliografische Daten sind im Internet über http://dnb.dnb.de abrufbar.
Die Österreichische Nationalbibliothek verzeichnet diese Publikation in der Österreichischen Nationalbibliothek.

Impressum:
1. Auflage 2016
Mail: karina.bookoffice@gmail.com

Herausgeberin: Karin Pfolz
Bearbeitung, Layout, Design: Renate Zawrel
Lektorat: Barbara Siwik

Vienna, Austria,
Karina-Verlag, Vienna.
ISBN 978-3-903056-78-7

Voilà! El-fie et Scherie-hi

Geschichten aus dem nicht ganz alltäglichen Leben eines nicht ganz alltäglichen Ehepaares

Gestatten Sie, dass ich Ihnen Elfriede Mullfuß vom unteren Niederrhein vorstelle. Und ihren Scherie-hi Klaus-Dieter.

Elfriede Mullfuß ist eine Persönlichkeit. Eine große, schwere, umfangreiche Frau von wohlwollend geschätzten fünfzig Jahren und gut doppelten, stets hübsch verpackten duftenden rosaroten Kilos. Kleine Füße, kleiner Kopf mit pinkfarbenen Wipplöckchen und dazwischen viel weiches, weißes Volumen. Aber das stört sie nicht. Denn sie ist verheiratet. Sie ist Frau Elfriede Mullfuß. Frau Klaus-Dieter Mullfuß.

Eigentlich heißt Klaus-Dieter gar nicht Klaus-Dieter. Er ist nämlich Franzose, ein kleiner, feingliedriger Mann, der einst auf den Namen Jean-Jacques Moulefousse getauft worden ist. Aber das ist Elfriede zu unaussprechlich. Und so hat sie ihm kurzerhand einen guten, niederrheinischen Doppelnamen verpasst. Nach ihrem Großvater mütterlicherseits.

Klaus-Dieter also, der ihr Angetrauter. Der sich vor gut zwanzig Jahren getraut hatte, sie zum Tanzen aufzufordern und sich kurz darauf in seinem besten Anzug vor dem Altar kniend wiedergefunden hatte. Er konnte nie genau sagen, was damals passiert war. Irgendwie war das Schicksal wie ein Wirbelsturm über ihn hinweggefegt und hatte ihn Elfriede vor die Füße geworfen, just in dem Moment, als sie tanzen wollte und feststellen musste, dass mal wieder niemand frei war und sie aufforderte. Jean-Jacques war durchaus angetan von ihr, denn sie hatte reichlich von allem, was ein Mann begehrt. Schon damals war sie ein Vollblutweib mit der Aussicht auf mehr.

„Mademoiselle?“ Das und dass er verfügbar war, reichten Elfriede, und augenblicklich schmolz sie in seinen Armen dahin. Er zog sie dichter an sich heran und erahnte die Fülle verborgener Lockungen und Versprechungen, die sein jungfräuliches Herz verwirrten.

Elfriede genoss seine Nähe ebenfalls, aber im Gegensatz zu dem jungen Franzosen ließ sie nicht nur ihr Herz zu Wort kommen, sondern schaltete auch ihren Verstand auf scharf. Unauffällig schmiegte sie sich zärtlich näher und näher und erkundete, was es an ihm zu erkunden gab. Er gefiel ihr. Also nahm sie das Heft und sein weiteres Schicksal in die Hand und aus Jean-Jacques Moulefousse wurde Klaus-Dieter Mullfuß.

Elfriede liebte es, wenn er in zärtlichen Momenten seinen Kopf in die Kuhle an ihrem Hals legte und ihr französische Koseworte ins Ohr flüsterte. Inzwischen aber waren die Fläche zwischen Unterkiefer und Schlüsselbein wie auch alle anderen Kuhlen an ihr zugewachsen, zu Beulen mutiert, nicht mehr existent, denn Elfie hatte von dem Moment an zugelegt, als sie den Trauring am Finger spürte. Kontinuierlich. Sozusagen täglich. Klaus-Dieter dagegen verlor seinen Babyspeck im selben Maße wie Elfriede ihn auflegte. Er wurde schon satt vom bloßen Zusehen. Und so wurde er immer dünner und dünner. Ein zierlicher, kleiner, spindeldürrer Ex-Franzose.

Die beiden sind so unterschiedlich, wie zwei Menschen nur sein können, und doch sind sie glücklich miteinander. Meistens jedenfalls. Niederrhein und Bourgogne.

Deutschland und Frankreich. Dick und dünn.

Sie haben eine feste Einteilung für alles in ihrem Leben:

Elfriede sagt, Klaus-Dieter tut.

Klaus-Dieter verdient das Geld, Elfriede gibt es aus.

Elfriede singt beim Liebesspiel, Klaus-Dieter arbeitet.

Klaus-Dieter darf einmal im Jahr für eine Woche nach Burgund, Elfriede zwei Wochen auf die Schönheitsfarm.

Wenn Elfriede weint, muss Klaus-Dieter auch weinen. er wenn Elfriede glücklich ist, dann geht für Klaus-Dieter die Sonne auf.

Klaus-Dieter Mullfuß – beinahe auf Abwegen – natürlich mit Elfriede

Im Wochenendblättchen hatte Elfriede eine Werbung entdeckt, die ihr Herz schneller schlagen ließ: Super schöne und gleichzeitig praktische Mieder zu Superpreisen: Straffende Bauch-weg-Bodys mit integrierten Po-Minimizern und verlängernder Oberschenkel-Optik. Und dann noch so reizvolle BH, die überhaupt nicht wie ihre normalen BH nach Quarktaschen-Behältern in XXL aussahen, sondern wie Dessous, richtig wie Dessous. Praktische Unterwäsche, kochfest, hatte sie jede Menge in der Damenkommode im Schlafzimmer, aber Dessous?

Elfriede lief heiß. „Klaus-Dieter!"

Klaus-Dieter war natürlich sofort einverstanden und bereit, seine Holde zum Ziel ihrer Wünsche zu fahren. Er lud Elfriede in seinen achsverstärkten Volvo und kutschierte sie wunschgemäß zu dem Kaufhaus ihres Angebot-Prospekts. Bösartigerweise befand sich die Abteilung im dritten Stock. Der Aufzug war blockiert, und sie waren gezwungen, all die vielen, vielen Stufen bis nach oben zu steigen. Elfriede ächzte in den höchsten Tönen, Schweiß tropfte ihr aus den rosigen Löckchen in den Kragen bis in die Katakomben, und vorne strömten wahre Wildbäche durch ihre diversen Gebirgslandschaften.

„El-fie, Chérie, gleich sind wir da. Gleich hast du es geschafft." Klaus-Dieter schob und stützte, ermunterte und soufflierte: „Siebenundzwanzig, achtundzwanzig, neunundzwanzig – geschafft! El-fie! Du bist ein Bötz." Bötz ist was Gutes, Tolles. Das hat Klaus-Dieter bei seiner Elfriede in all den Jahren am unteren Niederrhein gelernt.

Auch wenn er es nicht übersetzen kann.

Und sie betraten das Paradies.

Dessous, Mieder, Spitzen, alles vom Feinsten. Ein farbenprächtiges Eldorado, ein Feuerwerk der Sinne (für die Herren). Elfriede rauschte, nachdem sie wieder zu Atem gekommen war, mit ihrem Wallungs-Fächer fächelnd, geradewegs auf eine freie Verkäuferin zu. Klaus-Dieter folgte langsam. Aber sein Blick ging dabei in eine andere Richtung. Seine Augen wurden magisch angezogen von den zarten Gebilden, die da schwerelos und schimmernd an den winzigen Plastikbügeln hingen. Hauchdünne Spitzen, die höchstens die Hälfte eines winzigen Busens bedecken konnten. Blutrote Dinger, die er beim besten Willen nicht zuordnen konnte. Vorsichtig glitten seine Fingerspitzen darüber. Weich, zart, seidig. Mit viel Fantasie und mehr von diesem filigranen Gewebe könnte es eventuell eine Unterhose sein. Obwohl, er konnte sich beim besten Willen nicht vorstellen, wie und wo und wer? Seine Elfie? Mon Dieu! Aber wenn überhaupt – warum sollte jemand sich so etwas anziehen? Höchstens, um es sich ausziehen zu lassen. Oder?

Klaus-Dieter zog scharf die Luft ein. Dieser Gedanke verschlug ihm den Atem. Er schluckte krampfhaft und nestelte an seiner Krawatte. Sein Blick irrte kurz schräg links zu seiner geliebten Gattin, die anscheinend unhörbar mit der Verkäuferin diskutierte. Unhörbar? Seine Elfriede? Für einen Moment war er irritiert, aber so schnell, wie diese Irritation auftauchte, war sie auch schon wieder verschwunden, denn plötzlich schwebten vor seinem geistigen Auge junge, gertenschlanke Mädchen in so einem Hauch aus blutrotem Nichts mit ausgestreckten Armen auf ihn zu.

„Klaus-Dieter! – Klaus-Dieter – Scherie-hi!“

Ertappt und beschämt schlug Klaus-Dieter auf dem Boden der Realität auf. Erwachte, versuchte, seine schwitzige Hand aus den Dessous zurückzuziehen, verwirrte sich in den Verführungen, verknotete, zog und zerrte.

„Klaus-Dieter!“ Mit Nachdruck diesmal.

Die Bügel verhedderten sich und rutschten von der Stange. Mit roten Ohren und Schweißausbrüchen auf ganzer Ebene ging Klaus-Dieter in die Knie und bemühte sich in fliegender Hast, unauffällig die gefallenen Männerträume wieder aufzuheben.

„Nun? Wollen wir da etwa etwas ohne Bezahlung einstecken?“

Klaus-Dieter erstarrte. Und starrte an den blauuniformierten, ungebügelten Hosenbeinen hoch, die wie Zwillingstürme über ihm aufragten.

„Nun?“

„Isch, non, Monsieur, isch wollte doch nür … isch meine, die waren runter gefallen … und isch wollte sie doch nür …“

„Für Ihr Schnuckelchen einpacken, wie? An der Kasse vorbei. Ohne zu bezahlen … also, das wird teuer…“

„Non, isch versischere Sie, Monsieur, nischt für meine Frau, überhaupt für niemanden …“

Wie immer, wenn Klaus-Dieter sich aufregte oder aufgeregt wurde, brach sein alter Akzent wieder durch. „Ehrlisch, non, Monsieur! Ma femme, sie nischt …“

„Monn Ammu-huhr!“

Der Detektiv fuhr herum, förmlich gezogen von der durchdringenden Stimme.

„Scherie-hi, die sacht, die hat nur bis Größe 48!

Komm-doch-mal!“

Der Blick des Detektivs flog von Elfriede zu Klaus-Dieter, der noch immer mit den verwuselten Dessous in der Hand am Boden kauerte und wieder zurück. „Die? Nee, ne? – Ich glaub’s nicht!“

Er hieb sich wiehernd auf die Schenkel: „Armes Schwein! Nix für ungut, Kumpel. Geh nur, geh zu Mama!“

„Klaus-Dieter, nu komm doch mal! Sach doch auch mal wat zu die Verkäuferin. Wieso haben die nich, wat da im Prospekt steht? In meine Größe. Dat geht doch nich. Sach doch auch mal wat!“

Klaus-Dieter erhob sich, zog seine Krawatte zurecht und sagte hochdeutsch wie noch nie: „Mein Herr, mäßigen Sie sich bitte. Sie sprechen von meiner Gattin. Und – wenn Sie mich bitte jetzt entschuldigen wollen?“ Er machte einen großen Schritt über die am Boden verknäulten ‚Spielsachen‘ und schritt würdevoll auf seine Frau zu. „Chérie, ma rose, komm, wir kaufen woanders ein.“

Denn sie haben altbewährte Regeln, Rituale und Gewohnheiten: Elfriede braucht Klaus-Dieter, Klaus-Dieter verteidigt Elfriede. Manchmal stimmen sie so überein, dass beim Liebesspiel beide glücklich-entspannt singen, aber: Elfriede deutsch – Klaus-Dieter französisch.

Klaus-Dieter liebt die weichen, duftenden Oasen an ihr – Elfriede sehnt sich nach seinen markigen, harten Knochen, die sie von sich schon so lange nicht mehr kennt.

Sie ignoriert das Gewisper: Dick und Doof.

Er stellt sich taub bei: Wie kann der nur mit DER?

Denn: Elfriede liebt Klaus-Dieter und Klaus-Dieter liebt seine El-fie.

Fußballfreuden, Fußballleid

„Chérie, gehst du heute nicht zu deiner Häkelrunde?“ Klaus-Dieter schielte über den Rand seiner Bierflasche misstrauisch zu seiner Frau, die sich anscheinend häuslich auf der Couch niederlassen wollte. „Es ist doch schon gleich Sechs.“

„Willste mich aus dem Haus haben? Na, warte!“ Elfriede drohte ihrem Gatten schelmisch mit dem Finger und wühlte ihre hinteren Massen genüsslich in die Tiefen der Couch. „Heute bleib’ ich hier. Ich guck mit dir zusammen Fußball. Is dat nicht schön? Freuste dich nicht?“

Klaus-Dieter sank merklich in sich zusammen und stöhnte. Lautlos. So sehr er seine Elfie auch liebte, etwas gab es, nur eine einzige Sache, die sie nicht miteinander teilten und das war Fußball. Und das sollte auch so bleiben. Immer. Also wagte er einen vorsichtigen Versuch, seinen geheiligten, lang ersehnten, aufregenden Fußballabend, sein Highlight der Woche, doch noch zu retten: „Aber Chérie, du machst dir doch überhaupt nichts aus Fußball, ist doch total langweilig. Du brauchst wirklisch nischt … also nur meinetwegen … Chérie!“ Flehentlich sah er sie an.

Doch sie lächelte leicht und tätschelte sein Knie. „Ach weißte, Schätzeken, du sollst bei einem so wichtigen Deutschlandspiel nicht alleine vor de Flimmerkiste sitzen. Is nicht gut.“

In stummer Verzweiflung sackte Klaus-Dieter noch mehr in sich zusammen, als Elfriede plötzlich aufschrie: „Klaus-Dieter, guck mal, da kommen sie! Welche sind denn die Deutschen? Die Rot-bunten? – Nä? Nich? – Die anderen? – Die sehen aber trist aus. Schwarz-weiß. Find ich doof."

„Elfriede!"

„Wat denn? Wat denn? Soll ich etwa stumm gucken? Wo ich doch schon dir zuliebe auf mein Häkeln verzichtet habe. Und jetzt meckerste schon, obwohl ich überhaupt noch kein Wort gesagt habe."

„Chérie! Bitte! Wenn du schon …" Klaus-Dieter rückte unmerklich beiseite, klammerte sich wie Halt suchend an seine Flasche und trank einen kurzen Schluck. Selbst das Bier schmeckte nicht mehr richtig. Und dabei hatte er extra zwei Flaschen kalt gelegt für diesen besonderen Abend!

Elfriede raschelte wild mit einer Riesentüte Chips: „Guck mal, da sind Kinder dabei! Lassen die jetzt auch schon den Nachwuchs mitspielen? Wofür soll dat denn gut sein? – Und guck mal, Klaus Dieter, der da singt unsere Hymne überhaupt nicht mit: Deutschland, Deutschland über …"

„Hör auf! Bitte."

„Die sollten aber eigentlich alle mitsingen. Ich glaub', die können unser Deutschlandlied überhaupt nicht."

„Du auch nicht." Erschrocken über sich selbst zuckte Klaus-Dieter zusammen, aber zum Glück schluckte die Chipstüte seinen aufmüpfigen Einwurf. Klaus-Dieter fiel in ein tiefes Loch. Er nahm nichts mehr wahr außer dem Mahlen von Elfriedes Kiefern und dem Wippen der Couch. Er hatte den Anstoß verpasst, das Spiel lief schon seit Minuten. …! Merde, merde, merde!

„Klaus-Dieter! Guck mal! Die in den hübschen Anzügen, den rot-bunten … ähm, dat sind nicht wir? – Oder? – Nä, klar, die anderen also. – Aber, Klaus-Dieter, wer sind die noch mal? Wo kommen die noch mal her? – Kroatien? – Kroatien! – Wart mal, das liegt doch … wart mal, waren die Müllers aus Praest nicht voriges Jahr da? Oder nä, die waren in … wie hieß dat doch noch mal? Klaus-Dieter, sag doch!"

„Elfriede!"

„Klaus-Dieter, guck mal! Der Torwart da – ist dat eigentlich unserer? Kann man gar nicht erkennen. Der ist ganz anders angezogen. Und dann noch die Bauhandschuhe! Also echt! Dat sieht doch überhaupt nicht schick aus! – Der hat aber auch nur noch wenige Haare da oben auffen Kopp! Haste dat gerade gesehen? Als der so seitwärts gesprungen ist …"

„Elfriede!!!!!!!!!!!"

„Ich sag ja schon nichts mehr." Elfriede schmollte, zog ihre Chipstüte noch enger an die Brust und knisterte und mahlte noch lauter. Klaus-Dieter starrte auf den Bildschirm, ohne zu sehen. Er hörte den Kommentator, ohne zu verstehen. Er hörte nur die Geräusche neben sich. Er spürte nur das Gewicht neben sich. Er hörte nur die Stimme neben sich. Er war verzweifelt. „Lass …mich … endlich …"

„Klaus-Dieter! Guck mal, die Bunten, Hübschen, die rennen den Langweiligen immer davon. Warum lassen die die denn nicht mitspielen? Immer nur unter sich. Is doch doof! Eigentlich is dat richtig gemein. Am ausgestreckten Arm lassen se die verhungern. Also ich, weißte, ich wär beleidigt. – Och, guck mal, da wälzen die sich schon wieder über den Boden … Iiih, die Klamotten kriegt man doch nie wieder sauber. Oder? Bei dem Wetter. – Und guck mal, Klaus-Dieter! – Klaus-Dieter? Scherie-hi? Wat is denn? Du bist vielleicht komisch! Ich denk, du willst unbedingt dieses wichtige Spiel sehen? Oder? Und jetzt sagste kein Wort! … Ohhhhh, Klaus-Dieter! Guck mal! Toooooooooooooooooor! Toooooooooooooooooooooor! Tooooooooooooooooooor! – Wir haben ein Tooooooooooooor! – Klaus-Dieter!!!!!"

„Tor für Kroatien!"

„Gott, is dat aufregend! Klaus-Dieter! – Ähm, nich für uns? Aber warum denn nich?"

Klaus-Dieter war längst ins äußerste Eck der Couch gerutscht. Er hatte Tränen in den Augen. Seine fast leere Bierflasche auf dem Tisch würde einen dicken, feuchten Kringel hinterlassen. Aber das war ihm egal. So was von egal.

„Klaus-Dieter! Guckste überhaupt hin? – Wo guckste denn hin die ganze Zeit? – Sag mal, wat is Abseits? Der komische Typ da in Schwarz, der denen immer vor de Füße rumrennt, der hat gerade gesagt, dat war Abseits. Manchmal nennt der dat aber auch Ecke. Oder Freistoß. Hat der überhaupt wat zu sagen? Der weiß doch überhaupt nicht, wat der sagt! – Also, ich find dat schon sehr merkwürdig alles. Und verstehen tu ich dat auch nich. – Aber, guck mal da, Klaus-Dieter! Klaus-Dieter! Die Bunten haben schon wieder, glaub ich, ein Tor geschossen. Oder? – Klaus-Dieter! Also ehrlich, weißte, du hättest besser gleich na Bett gehen sollen. Du bist ja so wat von langweilig … Dabei is dat doch so spannend. Ich weiß gar nicht, warum ich Fußball immer doof fand, und du immer alleine gucken musstest. Aber dat ist jetzt vorbei, Scherie, dat sag ich dir. Ab jetzt gucken wir immer zusammen! Klaus-Dieter? – Schätzelein! Wat ist denn? – Freuste dich denn gar nicht? – Geht et dir nicht gut? – Biste müde? – Schläfste schon? – Was hängste denn da so? – Mensch, da hätte ich ja auch zum Häkeln gehen können. Klaus-Dieter! – Klaus-Dieter? Klaus-Dieter!!!!!!!!"

Elfriede und Klaus-Dieter auf Usedom

Elfriede liebt rosa, rot und pink, Urlaub am Meer und ihren Jean-Jacques, den sie der Einfachheit halber Klaus-Dieter nennt. Nicht unbedingt in dieser Reihenfolge, aber so etwa. Deshalb hat Klaus-Dieter auch keine Probleme wie andere Ehemänner, wenn es darum geht, ein Geschenk für seine Liebste zu besorgen. Es gibt tausend Dinge in Pink, Rosa oder Rosenrot. Notfalls in der Kinderabteilung, mal abgesehen von Kleidung. In schöner Regelmäßigkeit ist stark duftendes Rosenparfum mit dabei. Geschenke dieser Art liegen dann auch meistens unter dem Tannenbaum oder auf dem blumengeschmückten Geburtstagstisch unter der blühenden Sternmagnolie im Frühling. Reisen sind seltener, weil teurer. Die gibt es nur zu besonderen Anlässen.

Der Kennenlernjubiläumstag ist so einer. Am 14. Juli vor 22 ½ Jahren haben sie sich beim Tanzen kennengelernt. Zweiundzwanzigeinhalb Jahre Elfriede und Klaus-Dieter. Zweiundzwanzigeinhalb Jahre Liebe pur. Zweiundzwanzigeinhalb, die Hälfte von fünfzig Jahren minus zehn Prozent Toleranz, (Klaus-Dieter ist bei der Blitz-Verkehrs-Knöllchen-Überwachung). Vielleicht werden sie die nicht mehr gemeinsam erleben. Deshalb hat Klaus-Dieter lange und sorgfältig überlegt und geplant.

Das Ergebnis ist, dass Elfriede und Klaus-Dieter ihr Jubiläum in diesem Jahr auf Usedom feiern, Elfriede mit neuen, pinkfarbenen Wipplöckchen und einem zartrosa Glockenrock unterm weißen Blusenzelt. Und Klaus-Dieter ist glücklich, einfach nur glücklich, weil seine Elfie sich so darüber freut und ebenfalls glücklich ist.

Arm und Arm sind sie schon durch den Ort gelaufen, über die Promenade und barfuß durch den weißen Sand unten am Wasser. Vor lauter Glück breitet Elfriede ihre Arme weit aus, hebt ihr Gesicht gegen den Wind und schreit aus Leibeskräften. Aber Wind und Wellen reißen ihren Schrei mit sich. Nur Klaus-Dieter hört ihn. Zwar auch nicht richtig, aber er spürt ihn. Er kann ihn fühlen. Er kennt doch seine Elfie. Warm, zärtlich und wild ist sie. Wie das Meer.

Plötzlich bremst Elfriede und starrt hoch zur Promenade. „Da!"

Klaus-Dieter sieht zwei Köpfe, die scheinbar schwerelos über die Büsche gleiten.

„Da! Siehste nicht? Dat will ich auch!"

„Was denn, Chérie?"

„Die fahren auf so Rollern. Hab ich eben gesehen, als freie Sicht war. Dat will ich auch. Komm, Scherie, wir gehen zum Fahrradverleih und fragen, wat dat für komische Dinger sind." Aufgeregt zerrt sie an seiner Hand und strebt bereits den hölzernen Planken zu, die durch den Sand zur Promenade führen.

Beim dritten Fahrradverleih haben sie Glück. „Mullfuß, Elfriede Mullfuß. Tach. Sagen Sie mal, diese Roller da, die ich gesehen hab auf der Promenade…, haben Sie so wat?"

Der mitteljunge Mann starrt fasziniert auf ihr wogendes, rosiges Fleisch in Doppel-D.

„Ja, sicher … ähm … wie?"

Klaus-Dieters finsterer Blick holt ihn zurück in die Wirklichkeit. Er räuspert sich. „Was … ähm … was genau meinen Sie?"

„Diese tollen, neuen Roller mit Motor und großen

Rädern. Wie – ich – eben – schon – sagte.“ Elfriede verdreht die Augen und zuckt mit den Schultern Richtung Klaus-Dieter. *Idiot.*

Nach einem kurzen, skeptischen Gesamtvolumen-Übersicht-Blick zieht der Mann zwei dick bereifte, große Segways zu sich heran. „Die sind aber nicht ganz ungefährlich. Durch den Motor sind die ganz schön schnell. Man verliert leicht die Kontrolle bei den vielen Menschen hier. Sie müssen fix reagieren und gewandt und flink oft Slalom fahren … ich fürchte … also…“

Elfriede wischt seine Bedenken kurzerhand beiseite. „Phhh. Wir nehmen sie für einen Tag.“

Kurz darauf testen Elfriede und Klaus-Dieter – noch ohne Motor – ob und wie sie sich auf dem schmalen Trittbrett halten können. Auch dieser kleine, starre Lenker ist gewöhnungsbedürftig. Elfriede holt tief Luft, springt – und erliegt augenblicklich der Erdanziehungskraft. Mit dem Lenker im Bauch liegt sie im Straßenstaub. Nach vier weiteren Versuchen klopft sie sich den Dreck aus dem rosa Rock, droht den Zuschauern, die sich inzwischen angesammelt haben, schelmisch mit dem Zeigefinger und beschließt, jetzt für das rollende Abenteuer fit zu sein. „Auf geht’s! Komm, Klaus-Dieter, du schaffst es!“

Sie nehmen den Rad- Fußweg oberhalb und parallel zum Strand Richtung Heringsdorf. Elfriede hat einen Heidenspaß, während sie im Zickzack zwischen den auseinanderspritzenden Leuten hindurchdüst. „Achtung!“, schreit sie, und ihre pinkfarbenen Löckchen fliegen mit ihrem Rock im Wind: „Tut, tut! Monn amu-huhr! Dat is absolut irre! Komm! Los! Trau dich doch mal wat!“

Doch mon amour bleibt lieber vorsichtig. Langsam, bedächtig, nach allen Seiten Entschuldigungen murmelnd, zuckelt er hinter ihr her. Elfriede walzt mit vollem Speed über die Promenade von Heringsdorf. Eine pinkfarbene, wild gewordene Kugel auf Rädern. „Tut! Tut! – Achtung! Ich komme! Juhu!“

Erst weit hinter Ahlbeck, dort, wo die breite Schneise im Wald an die ehemalige polnische Grenze erinnert, bremst Elfriede ab. „Klaus-Dieter, Scherie-hi! Wo bleibste denn?“ Sie schiebt den Roller durch den feinen Sand und parkt ihn genau zwischen den Pfosten mit den Flaggen von Deutschland und Polen. Dieser Platz ist geschichtsträchtig, der passt zu ihrem Kennenlernjubiläum. Als Klaus-Dieter endlich zwischen den Bäumen auftaucht, schwitzend und keuchend, hat Elfriede aus ihrer umgehängten rosa Basttasche eine Flasche Sekt hervorgekramt und rennt kichernd die wenigen Meter weiter hinunter zum menschenleeren Strand. „Komm, monn amu-huhr! Komm! Wir feiern. Kein Mensch is hier. Nur wir beiden Schönen. Wir sind allei-hein!“

„Elfriede!“ Klaus-Dieter ist geschockt. „Was machst du denn da? Du kannst dich doch nicht … wenn jemand kommt …Chérie! Bitte! Hör sofort mit dem Unsinn auf … *das* lässt du an! ELFRIEDE! Elfriede! ... Nein, lass das! Mon Dieu … Isch will nischt! ... nischt jetzt … nischt hier! Wenn jemand ... Elfriede! Hilfe! Nein! Hör auf! … Das kitzelt! … Der gute Sekt!“

Nun, es waren altbewährte Rituale: Bruder Jakob, Bruder Jakob ... Dormez-vous? Dormez-vous ... Elfriede … El-fie … sonnez les matines, sonnez … ding ding dong, ding ding dong …

„EL-FRIE-DE!“

Elfriede und der Traum von Klaus-Dieter

Nachdem sich Jean-Jacques namens Klaus-Dieter den sektschweren Sand notdürftig abgewischt und beruhigend auf sein wild klopfendes Herz eingeredet hat, zieht er Elfie neben sich herunter.

„Mon amour, du hättest ruhig noch einen Rest in der Flasche lassen können. Alles so zu vergeuden!“ Er versucht einen strafenden Blick, doch Elfriede kichert los.

„War der nicht gut angelegt?“ Sie wirft sich in voller Breite über ihn und rennt mit ihrer Zunge den letzten, seitwärts versickernden Tropfen hinterher.

Mit einem leisen Pfeifen entweicht die Luft aus seinen Lungen und er japst: „Gnade, hör auf! Hör … bitte … Elfriede … non! … Isch will dir was sagen … Mon amour, isch habe auch … bitte! Mon amour … isch habe auch einen Wunsch an disch!“

„Was denn, mein Häschen? Welchen Wunsch hast du denn?“ Elfriede schwingt ihren Busen über die Schulter und schmiegt sich zärtlich an Klaus-Dieters klebrige Brust, um gleich darauf wieder aufzufliegen: „Einen Wunsch? Einen Wunsch? Was immer du willst, Scherie! Alles! Alles!“

Elfriede breitet beide Arme aus, ist Othello und Desdemona zugleich. Der weite Strand wird zur Bühne und der Himmel ist ihr Zeuge: „Du bist die Freude meines Lebens. Dein Wunsch, welcher auch immer, soll mir Befehl sein.“ Elfriede spricht akzentuiert wie sonst nur beim Arzt oder Steuerberater. „Was ist es denn? Was?“

Aber Klaus-Dieter schweigt und lächelt geheimnisvoll …

Mit einem Ruck sinkt der achsverstärkte Volvo in die Knie, als Elfriede ihre Hüften ins Wageninnere schwingt, die Beine nachzieht und ihre kompletten gut hundert flipsundflumzig Kilo auf dem Beifahrersitz etabliert.

„Tschüsskes, Usedom, wir müssen leider nach Hause, aber wir kommen bestimmt noch mal wieder! Oder? Klaus-Dieter? Wir fahr'n noch mal hin. War doch sooo schön. Vor allem da am Strand. Da, wo – hihi, weißte noch? Und die Dinger da, diese Roller, ehrlich, so wat möcht ich zuhause auch gern haben. So für de Stadt und so. – Klaus-Dieter? – Klaus-Dieter! Hörste denn gar nich zu? Wat is denn? Wo biste denn mit deine Gedanken? Klaus-Dieter! Also, ehrlich, Klaus-Dieter, wat ist denn? Warum fährste denn nicht da ab auf die Autobahn? Wo fährste denn hin? …Greifswald? … Warum fährste denn nach Greifswald? Wat is denn da?"

„Überraschung? Wat denn für ne Überraschung? – Also ehrlich, Klaus-Dieter, nu sach doch end- lich mal wat und spann mich nicht so auf de Folter! – Wat willste denn da?"

„Mon amour, noch eine letzte Überraschung, bevor wir endgültig nach Hause fahren: Segeln … Wir – gehen – segeln. Mein Wunsch. Weißt du noch? Das ist schon so lange mein Traum. Einmal segeln gehen. Auf einer richtigen Yacht. Ich weiß ja nicht, ob es für dich … auch …?"

Seine Stimme wird immer leiser. Zweifel knabbern an seinem Mut. „Na ja, sehen wir dann ja."

„Wat nuschelste denn so? Ich versteh dich nich. Segeln? Haste wat von Segeln gesagt? Wo? Hier? Klaus-Dieter, also ehrlich! – Pass auf!!!! Da hättste uns beinahe in einen Schrotthaufen verwandelt! Also wirklich, Klaus-Dieter, fahr bitte etwas vorsichtiger! – Mein Gott. Segeln."

Gut zwei Stunden und drei Handyanrufe später stehen beide, Elfriede und Klaus-Dieter, im Greifswalder Yachthafen von Eldena und halten Ausschau nach der *Mater futura.*

„Da!“ Klaus-Dieter peilt an Elfriedes ausgestrecktem Arm entlang und Sekunden später hängt sein Blick an einer teuer aussehenden Yacht mit endlos hohem Mast. Die *Mater.*

„Mon Dieu“, sagt er andächtig, und seine Augen leuchten wie die eines Kindes, das bergeweise Geschenke unterm Tannenbaum entdeckt. „So groß hätte ich sie mir gar nicht vorgestellt, die ist ja riesig!“

„Ahoi, wir kommen an Bord!“ Elfriede ist bereits mit wehendem Umhang über den Steg gestürmt und versucht gerade, die im Wasser pendelnde Strickleiter zu entern.

„Vorsicht!“ Ein langer Arm im gelben Friesennerz packt Elfies Oberarm und bremst ihren Alleingang. „Sachte, meine Dame, ganz sachte. Wir wollen die Yacht doch nicht schon im Hafen versenken. Oder?“

Inzwischen ist auch Klaus-Dieter in Rufweite gekommen, seine dünnen, kurzen Beine zittern vor Anstrengung. Irgendwie ist sie immer schneller, auch wenn sie viel mehr als doppelt so viel auf die Waage bringt, irgendwie kommt sie immer vor ihm an, irgendwie hat sie deutlich mehr Power. Und – irgendwie – macht ihn das sehr glücklich.

Seine Elfie.

Sie und er.

„So, ihr beiden Hübschen, Tach erst mal. Ich bin euer Skipper, ich habe das Sagen hier an Bord. Und dass das man ganz klar ist: Was ich sage, wird gemacht. Und zwar umgehend. Ich der Skipper, ihr beiden die Mannschaft.

Mac

Das mit der Bedienung der Segel erkläre ich euch später."

„Segel? Machen? Tun? – Wieso? – Ich dachte, wir sind Gäste. *Zahlende* Gäste." Elfriedes Busen wogt bedrohlich auf und ab. „Müssen wir etwa selber die Segel setzen und auf den Mast da hoch – und nachher die riesigen Lappen wieder runterholen und aufrollen oder so? – Nä, mein Lieber! Nä! Nich mit mir. Ich habe extra meinen neuen Tankini mitgebracht. Und damit werde ich mich nachher schön da vorne auf den Bug – oder wie dat da heißt – legen und mich sonnen. So." Zur Bestätigung zieht sie an ihrer umhanginternen Reißleine und augenblicklich sinkt die rosa Wolke, die sie bisher verhüllte, an ihr herab und bleibt auf den Planken liegen wie ein weggeworfenes Zirkuszelt ohne Streifen. Just rosa.

Der Skipper steht mit offenem Mund und schluckt trocken beim Anblick der Doppel-Rubens im pinkfarbenen Tankini. Elfriede sucht Klaus-Dieters Blick – *nu sach doch auch mal wat!* Ihr Mundwinkel zieht sich seitwärts hoch und klappt negativ geladen vertikal gegenüber wieder runter: *phh, dann eben nich.*

Hochmütig wendet sie sich von den beiden Männern ab. „Und wie, bitteschön, komme ich da vorne hin? Doch wohl nich über dat polierte, glatte Holz da am Rand? Bissken sehr schmal oder? Am besten, Sie bringen mich da hin. Und du, Klaus-Dieter, du bring mir dann gleich noch meine Sonnenmilch und die neue Klatschzeitung. Dann kannste mich auch gleich ebkes einreiben. Ich will ja keinen Sonnenbrand kriegen, wenn wir segeln."

Der Skipper klappt mit sichtlichem Energieaufwand seinen Mund wieder zu, räuspert sich und packt Elfriede am Arm. „Sie bleiben hier, werte Dame. Sie werden sich nicht als Galionsfigur auf das Deck meiner Yacht legen.

Das verbiete ich. Und außerdem bin ich noch nicht fertig mit meiner kleinen Ansprache. Also: Als erstes entfernen Sie bitte dieses rosa Dings da auf dem Boden. Ziehen Sie es an oder – nee, dann passt die Schwimmweste nicht mehr drüber. Wissen Sie was, schmeißen Sie das Ding am besten über Bord. Sie kriegen nachher sowieso beide wetterfeste Segelklamotten. Das Wetter draußen auf dem Bodden ist nicht ganz so toll heute. Wird wohl noch Regen geben. Wenn nicht noch mehr. Also hier, wo ich stehe, ist der Kommandostand, hier haben Sie nix, aber auch gar nix zu suchen."

Klaus-Dieter hängt an seinen Lippen. Er lauscht begierig auf jedes Wort, jede Erklärung über die verschiedenen Taue und Handgriffe und Kommandos. Er übt hingebungsvoll und strahlt über jedes noch so spärliche Lob des Skippers.

Der Blödian. Elfriede hockt schmollend auf der Bank, ihr rosa Cape an den Busen und die Lippen aufeinander gepresst. Sie ist beleidigt. Was interessieren sie Sachen wie Großmast, Baum, fieren, Wanten, Spinnaker, anluven und all so'n Quatsch. Sie will – tja, was eigentlich? So ganz genau weiß sie das auch nicht. Irgendwas yachtmäßiges jedenfalls, so wie in den Klatschblättchen. Ein Sonnenbad, cool auf einer Luxusliege, in ihrem funkelnagelneuen Tankini, mit einem eisgekühlten Glas in der Hand, irgendwo oben unter strahlend weißen, dick geblähten Segeln. So in der Art. Jedenfalls nicht schwitzend Taue sortieren und wickeln in unförmiger Wetterkleidung. Und Klaus-Dieter, wie der sich einschleimt! Der macht sich ja lächerlich mit seiner Begeisterung für diesen ungehobelten Seeklotz. Puh! Ist das langweilig! Elfriede schnaubt verächtlich und wendet sich demonstrativ von den beiden ab, beugt sich vor und schaufelt dunkles Boddenwasser mit ihren Händen. „Wann geht et denn endlich los?“ In ihrem Frust bemerkt sie nicht, dass sich das ganze Boot ihr zu Leibe bedrohlich zur Seite neigt.

„Mon amour!“ Elfriede fühlt sich unsanft zurückgerissen und starrt ihren Mann mit großen Augen an. „Wat is denn?“

„Mon Dieu, beinahe wärst du ins Wasser gefallen! Die Bordwand ist doch nur ganz niedrig. Chérie, du hättest ertrinken können!“ Klaus-Dieter zittert. „Sollen wir vielleischt lieber abbrechen und wieder an Land gehen?“

„Nä,“ Elfriede streichelt seinen Arm. „Du hast dich doch so darauf gefreut. Ich komm schon klar. Mach dir man keine Sorgen – du kennst mich doch.“

„Nix da mit Aufhören! Ihr beiden kriegt jetzt erst mal die versprochenen Schwimmwesten und dann geht's los. Die Brücke von Wieck geht in einer Stunde hoch, dann müssen wir da sein. Und übrigens: Ich heiße Max. Und ihr?“

Sie tuckern motormäßig und segellos in Richtung Brücke. Passgenau, als sie hochgeht, liegen sie in vorderster Linie und schippern gemächlich unten drunter weg in Richtung offenes Wasser.

„Und was ich euch noch sagen muss“, Max fixiert Elfriede. „Wenn ihr unter Deck gehen wollt, für was auch immer – aber dazu komme ich gleich – dann: Eine Stufe und – drehen! Rückwärts! Rück-wärts weiter! Verstanden? Anders kommt ihr nicht runter. Und wenn ihr aufs Klo müsst: GAANZ WICHTIG! Klo ist was Besonderes: Da darf nur rein, was hier oben …“ er zeigt auf seinen offenen Mund, „… reingekommen ist – also: Oben rein, unten raus ist okay. Alles andere: ABSOLUT VERBOTEN!

Habt ihr das verstanden? Richtig und wirklich verstanden? Und die Spülung zeige ich euch gleich. Ist etwas kompliziert. Okay. Dann wollen wir mal. Wir segeln jetzt raus auf den Bodden und dann schräg rüber nach Rügen. Da essen wir eine Kleinigkeit und segeln wieder zurück. Alles klar soweit?"

„Sind wir vielleicht doof oder erst fünf Jahre?" Elfriede rafft ihren rosa Zeltumhang und wendet sich in Richtung Luke.

„RÜCKWÄRTS!"

Aber Elfriede ignoriert den Schrei des Sklaventreibers. Jetzt erst recht! Bei der ersten Stufe befinden sich nur ihre Unterschenkel im Souterrain. Alles okay. Bei der zweiten Stufe klemmen ihre Hüften sich beidseitig ein. Bei der dritten Stufe geht nichts mehr.

„*Rückwärts* habe ich gesagt!" Der Skipper flucht, zieht und drückt. Rechter Arm hoch, linke Hüfte runter, linker Arm hoch … bis Elfriede endlich durchflutscht wie ein Baby aus dem Mutterleib. Max reißt sein Basecap vom kahlen Schädel und knallt es auf die Planken. „Womit hab ich das verdient?"

Derweil sortiert Klaus-Dieter mit glücklichem Lächeln bunte Taue: rechts eins, links eins, mittig, halb rechts. Und weil jedes Tau für eines der Segel zuständig ist, behandelt er auch jedes einzelne mit großem Respekt und packt sie alle akkurat nebeneinander aufs Deck.

„Deine Frau hat's wohl nicht so mit dem Segeln?"

„Ach, weißt du – na ja …"

Der Himmel bezieht sich immer mehr, es wird kalt und windig. Klaus-Dieter merkt nichts davon. Er hockt auf der schmalen Bank mitten im Wind und wartet auf die Befehle des Skippers. Schon nach der ersten Einweisung hat er die

Zusammenhänge zwischen den verschiedenfarbigen Tauen, den Segeln und den Wanten begriffen. Klaus-Dieter ist glücklich. Einfach nur glücklich. Zeitweise vergisst er sogar seine geliebte Frau.

Derweil hockt Elfriede unten in der Luxuskabine auf der Bank, die Füße auf dem Mahagonitisch und kaut kreuzworträtselnd auf ihrer Unterlippe herum. Ab und an hebt sich ihr Blick, und sie wagt einen kurzen Blick auf das Fenster vis-à-vis. Aber was sie da sieht, gefällt ihr gar nicht. Es sieht gewalttätig aus, gefährlich. Schwarzes Schaumwasser klatscht gegen das Glas *(hoffentlich ist das wasserdicht!)* und überschwemmt es von oben her. Von oben her? Wieso von oben? Heißt das, wir saufen ab? Sind wir schon unter Wasser? „Oh Gottogott!" Elfriedes Magen fährt Achterbahn. Sie stemmt sich gegen den Widerstand der Schräglage. Die Türe der Toilette scheint vertikal in der Kabine zu hängen.

„HILFE!" *Wie komm ich bloß da hin?* „HILFE!" *Warum hört mich denn keiner? Wo sind die denn bloß?* „Klaus-Die-ter! Sche-rie-hi!"

Auf Händen und Füßen bergauf und bergab. Der Weg zur Toilette ist endlos. Schwarzes Wasser schwappt gegen Glas. Zeitschriften rutschen über den Boden, Geschirr klirrt in den Schränken. Elfriede kann schon gar nicht mehr hinsehen. Aber den Geräuschen kann sie nicht entkommen. Da, endlich, der Griff zur Toilettenkabine. Was hat der Blödmann von Skipper gesagt? Nur raus, was rein? Oder rein, was raus? Was zum Teufel … Egal. Elfriede ist alles egal. Sie folgt dem Ruf ihrer Magenwände und sinkt anschließend keuchend auf den Boden. Auf das winzige bisschen Boden, das die Zwergen-Toilette umgibt. Als sie wieder geradeaus atmen kann, merkt sie, dass die Yacht ruhig im Wasser liegt. Alles friedlich. Kein Grund zur Sorge. Oder? Der Spuk ist vorbei und Elfriede wieder mutig.

Aufrecht, mit erhobenem Haupt, balanciert sie zur Luke und klettert auf die unterste Stufe. „Hallo, Jungs, alles klar da oben? Sind wir bald in Rügen?"

„Non, Chérie, non." Ein leichtes, nervöses Zucken von Klaus-Dieters Mundwinkel, gefolgt von einem entschuldigenden Blick Richtung Kapitän. „Wir … ähm … wir sind doch gerade erst auf dem Bodden. Das Wetter ist nicht so ganz … wie du vielleicht gemerkt hast … es dauert noch ein paar Stunden … ähm, na ja …"

„Haben Sie richtig gespült? So, wie ich es Ihnen erklärt habe?" Der strenge Blick des Skippers gleitet von Elfriede ab wie von einem wasserdichten Friesennerz.

„Sche-rie-hi!" Elfies Stimme tiriliert im höchsten Kanarienfalsett. „Kannste mal kommen? Ich brauch dich grad mal!" Wie war das noch mal mit der Spülung? Was hatte der noch gesagt? Irgendwas Besonderes, angeblich wahnsinnig Wichtiges. Aber was? Hebel drehen und ziehen oder drücken und umlegen oder seitwärts schräg? Und pumpen. Irgendwas mit pumpen. Oder? Elfies Erinnerungen prallen trotz aufgerollter Stirnfalten unkontrolliert aufeinander wie Blechlawinen im Freitagnachmittagsverkehr auf der A3 bei Nebel. Resigniert klappt sie den Deckel über das Dilemma und wartet auf Klaus-Dieter, den Segel-Freak. Soll er doch … der weiß bestimmt noch ... Aber Klaus-Dieter kommt nicht. Er ist voll mit Segeln beschäftigt. Na gut, dann sind die Männer eben selber schuld.

Gefühlte zwanzig Stunden später wirft Elfriede den Rätselblock beiseite und stapft Richtung Aufgang. Langsam müssen sie doch mal in Rügen ankommen. Das gibt's doch gar nicht. Sie hat Hunger, ihr Magen ist schließlich leer und knurrt laut. Inzwischen übertönt er sogar das satte Schwappen der Wellen gegen das Fenster. Elfriede hat sich inzwischen etwas an das Schwanken von rechts nach links gewöhnt. Aber gefallen? Gefallen tut ihr das absolut überhaupt nicht. Und Klaus-Dieter, der ist ja so was von anders als sonst. Der kümmert sich null, absolut null um seine Elfriede. Scheiß-Segelei. Einmal und nie wieder.

Klaus-Dieter, inzwischen versunken in einem unförmigen wasser- und windfesten Segel-Overall XXL mit Kapuze – für Männer – hockt immer noch unverändert begeistert und unverändert unbeweglich auf seiner schmalen Holzbank, die Linke locker vor der Spindel mit den bunten Tauen.

„Klaus-Dieter? – Klaus-Dieter! – Klaus- ..."

„Chérie, ma rose, da bist du ja wieder. Wie geht es dir, mon amour? – Schau mal, komm hoch, dort hinten kannst du Rügen schon sehen. Und da rechts die Insel ist die von Honecker, *Honeyisland* oder so, hab ich nicht richtig verstanden. Aber komm doch mal hoch an die wunderbare, frische Luft. Ist das nicht herrlich? Guck mal, die Segel da oben … Nein? – Aber warum denn nicht? – Windig? – Mon Dieu, Chérie! Wir brauchen den Wind für die Segel!" Angesichts der langen, bedrohlichen Unterlippe verstummt Klaus-Dieter, zieht den Kopf in die Schultern und diese in die Kapuze. Weg ist er.

Elfriede wendet sich von ihrer untersten, sicheren Stufe aus an den Skipper: „Sie! Wie lange dauert dat eigentlich noch, bis Se nach Rügen kommen? Wissen Se den Weg nicht? Ich hab dat doch auf der Karte gesehen. Mit dem Auto sind dat höchstens gut vierzig Minuten. Wo kurven Sie also rum? Über England und die Biscaya oder wo? Schmeißen Se gefälligst den Motor mit an. Der Flattermann da oben scheint mir nicht allzu viel zu bewirken. Ich hab Hunger. Also, machen Se mal en bissken an, ja?"

Max schnaubt kurz, schmeißt ein paar scharfe Kommandos in Richtung Gehilfe, erntet einen erschreckten Blick aus gelben Kapuzen-Tiefen und – Elfriede verschwindet wie von Zauberhand.

„Die sind wir los. Gut, Kumpel, hauen wir ab. Die Gewitterfront da schräg links vor uns ist nicht ohne. Wir müssen drum herum. Dauert natürlich noch wieder länger."

Die Yacht schwankt wie besoffen, Klaus-Dieter krallt sich an die Taue; Elfriede will mosern, kann aber nicht mehr. Lediglich Max steht unbeweglich wie ein Standbild in seinem Kommandostand und grinst sich eins. Der Wind peitscht über schwarze Wellen mit gischtigen Schaumkronen, der Sturm heult in den Segeln und kippt die Yacht von links nach rechts, von schräg nach noch schräger. Klaus-Dieter rammt seine Fersen in die Deckplanken. Er kämpft um sein Leben. Und ist glücklich. Trotzdem. Gottlob ist seine Elfie unter Deck und sicher. Oder nicht? Er hört nichts mehr. Das kann ein gutes Zeichen sein. Aber auch ein schlechtes.

Grelle Blitze zucken über wütende See. Der Himmel zerfließt wie schwarze Tinte in ebenso schwarzem Wasser. Schwarze See, schwarzer Himmel. Schaurig. In halsbrecherischer Balance kippelt Klaus-Dieter auf seiner niedrigen Bordwand vor und zurück. Aber er ist selig. Bei jeder Killerwelle jauchzt er laut auf. „ La vie, la vie! Oh, mon Dieu, ca c'est la vie!"

Am Nachmittag erreichen sie Rügen.

„Bringste mir en paar Pommes mit?" Leidende Stimme, leidendes Gesicht im Treppenaufgang. „Einfach nur so'n paar dröge Pommes? Oder vielleicht doch mit Majo. Und en Würsken! – Und vielleicht noch ..."

„Aber Chérie – du kommst doch mit an Land? Wir gehen hier essen, und später segeln wir dann zurück."

„Nä, Sche-rie, also echt. Lass mich nur ruhig hier. Ich sterbe hier weiter vor mich hin. Geh du nur lecker mit deinem Sklaventreiber essen. Ich – bleibe – hier. Ich bin soo krank. Und wenn du zurückkommst, dann besorg mir bitte eine Trage und einen Transport zurück nach Greifswald zu unserem Auto. Du kannst ja ruhig – ich meine, wenn du denn unbedingt willst – zurück segeln. Aber ich – nä! Dat kann ich nicht!"

Elfriede hockt zusammengekauert auf der mit gelbem Chintz bezogenen Mahagoni-Bank und mitleidet vor sich hin. Die Yacht liegt ruhig im Wasser, von oben ist nichts mehr zu hören, keine Stimmen, kein Sturm, gar nichts. Sind die beiden schon an Land gegangen? Alleine? Ohne sie? Auch egal. Elfriede will nur noch sterben. Aber natürlich nicht so ganz wirklich. Und schon gar nicht allein. Klaus-Dieter ist noch nie so – so abwesend gewesen. So unaufmerksam, so – weg.

„Klaus-Dieter?" Ein dicker, trockener Schluchzer hallt ungehört durch die Kabine. Ohne Echo. Sie ist allein. Wirklich und wahrhaftig allein. Klaus-Dieter hat sie verlassen. Verlassen zugunsten einer gemieteten Segelyacht und eines Sklaventreibers, den er wahrscheinlich auch noch teuer bezahlen muss. Elfriede schnuffelt heiße Tränen in ihren rosa Umhang.

Sie ist so gefangen in ihrem Elend, dass sie die leisen Stimmen oben an Deck nicht hört.

Plötzlich rumort und poltert es, dann kommen hastige Schritte vorschriftsmäßig rückwärts die Hühnerleiter herunter und verfangen sich geradewegs in den rosa Falten des feuchten Tränenauffängers, den Elfie achtlos beiseitegeschoben hat.

Mit ungebremstem Speed, die mageren Beine im rosa Taft gefangen, stürzt Klaus-Dieter auf Elfriede. „Endlich! Mon amour! Chérie! Mon Dieu, isch 'atte so viel zu tun mit die Anlegen und alles, El-fie, isch 'abe es geschafft! In ersten Anlauf! Alles perfekt, sagt Max! Oh, Chérie, isch 'ole disch jetzt 'ier raus und dann, Chérie, entschädig isch disch für die Qualen, die du für misch ausgestanden 'ast. Komm, mon coeur, komm." Vor lauter Enthusiasmus bricht Klaus-Dieters alter Akzent wieder voll durch.

„Klaus-Dieter? Du? Aber wie …? Und wohin …? Und …?" Elfriede schluckt erinnerungsmäßig unangenehm berührt: „Ähm, weißt du noch, wie man die Wasserspülung am Klo betätigt? Da liegt noch was … ähm, na ja, du weißt schon. Oder? – Kannste dat vielleicht mal für mich wegmachen, bevor der Dingens da oben dat bemerkt?"

„Max?" Klaus-Dieter lacht. „Max ist voll okay. Du musst disch nur an ihn gewöhnen. Aber das schaffen wir schon. – Nu komm erst mal. Ganz langsam, etwas seitlich – eine Schritt – ein Schulter, nächste Schritt, andere Schulter. Du schaffst das schon. Isch schiebe unten, Max steht oben und zieht. – Und das kleine Dilemma, da von vorhin, schaffe isch vorher auch noch weg. Kein Angst, Chérie."

Zwei Stunden später sitzen Skipper und Mannschaft vorsichtig-friedlich vereint an einem Tisch im Lokal in Lauterbach auf Rügen. Elfriede, noch leicht grün angehaucht, mit wirren Haaren, aber ansonsten wieder voll da in ihrem rosa Umhang, hat ihr Gesicht in der Speisekarte vergraben. Max feixt und zwinkert Klaus-Dieter zu: „Hör mal, Kumpel, du hast dich wacker geschlagen, hätt ich nicht von dir gedacht, so, wie du aussiehst! Immerhin hatten wir zwischendurch Windstärke 8! Echt Klasse, mein Gutser. Also: Jetzt sagen wir aber wirklich alle DU, o.k? Das ist nämlich Usus auf so'nem Schiff." Der Skipper hebt sein Glas mit 'Störtebeker' und poltert: „Also, Kinners, noch mal: Ich bin der Max und du, Kumpel, bist der Klaus-Dieter."

„Eigentlich heiße ich Jean-Jacques, aber …"

„Mensch, das kann doch kein Mensch aussprechen. Bleib du man lieber Klaus-Dieter. Und jetzt – wenn du einverstanden bist – gehen wir vorsichtig über zu deiner Gattin. Elfriede? Oder?"

Elfriede geruht, in der Speisekarte zu verbleiben.

„Hallo, Schnuckelchen!" Max schielt mit einem verschmitzten Seitenblick rüber zu Klaus-Die-ter. „Darf ich das? Ist das okay oder kriege ich gleich eins auf die Nase? Von dir oder von ihr?" Klaus-Dieter zieht eine Grimasse: „Weiß nicht … keine Ahnung … aber … mach mal …"

Max überlegt etwas in Rosa – ‚Miss Piggy' fällt ihm ein. Nee, das denn lieber doch nicht! Er mag seine Nase so, wie sie ist. Aber wie heißt doch gleich das Zeug, das seine kleine Enkelin in Rosa/Pink hat? „Hällo Kitty! Schönes Rosenresli! Prinzesschen Lillifee! Hallo! HALLO-HO!"

Langsam, ganz langsam hebt Elfie den Kopf und schaut mit zusammengekniffenen Augen und ziemlich tief hängender Unterlippe dem Skipper direkt ins Gesicht. Sie ist noch nicht bereit, zu vergeben und zu vergessen. Geschweige denn zu verzeihen.

„Hör mal, Schätzelein", Max verlegt sich aufs Schmeicheln: „Hab ich das nicht gesagt? Auf dem Schiff herrscht immer ein rauer Ton. Das darfste nicht persönlich nehmen. Wenn's hart auf hart kommt, hat der Skipper das Wort, die anderen müssen gehorchen und zwar fix, sonst geht dat Ding in die Büx. Und dafür ist der Kahn zu teuer. Mein Chef würde mir das Fell abziehen. Und siehste, es war nun mal ein bisschen wacklig heute Mittag, da brauchte ich deinen Klaus-Dieter. Ich hätt auch deine zarten Händchen gebraucht, aber du warst ja malade. Nee, nee, ist ja auch o.k. Aber, was ich dir sagen will, war 'ne harte Kiste heute, nichts Persönliches. Glaubste mir das? – Hm, Piggylein? Ähm, 'tschuldigung! Kittylein-Lillifee?"

Der Anblick der reuevollen Dackelfalten, die auf dem waghalsig abgeknickten Hals des Skippers direkt vor ihrem Gesicht schaukeln, ist schon ein bisschen komisch.

Elfies Mundwinkel zucken. Eigentlich ist dieses ganze blöde Gesicht sehr komisch. Wie mochte es wohl aussehen, wenn ihre Faust mitten darin landete? Allein die Vorstellung ist herrlich, so berauschend, dass Klaus-Dieter voller Panik seine Hand beruhigend auf ihre Knie presst: *Ruhig, Chérie, ganz ruhig.*

Doch jetzt gibt es kein Halten mehr. Tief in Elfies Innerem brodelt ein Beben, das nicht mehr zu bremsen ist. Es bricht sich Bahn, bis es schließlich in ihrem Gesicht explodiert. Elfriede brüllt vor Lachen, Tränen kullern über die rosigen Patchwork-Puderreste auf ihren Wangen, und ihre Fäuste knallen auf die karierte Tischdecke, dass die Gläser klirren.

Max fährt erschrocken zurück, aber Klaus-Dieter lacht befreit auf: „Gut, mein Täubchen, lach du nur, das tut gut." Und zu Max gewandt: „Die Anspannung, du verstehst? Die muss raus. Gleich ist es wieder gut."

Gleich würde es wieder gut sein. Klaus-Dieter kennt doch seine Elfie!

Elfriede wischt sich mit ihrem leicht lädierten rosa Fummel die Tränen aus dem Gesicht, hickst noch einmal laut und undamenhaft und rammt dem Skipper ihren Ellbogen in die Seite. „Hör mal, du alter Sklaventreiber, da haste aber Glück, dat ich zu den Großzügigen gehöre. Weißte wat? Ich verzeihe dir. Aber dat wird teuer für dich, Männeken! – Herr Wirt, der nette, junge Mann hier möchte 'ne Flasche Sekt ordern. Aber guten, hören Se? Und zwei Gläser. Nä, nur zwei. Der Sklaventreiber muss ja noch segeln, nä? – Hörma, Männeken, musste nich mal langsam wieder los?"

Aber Max scheint alle Zeit der Welt zu haben. Er lehnt sich gemächlich zurück und kramt nach seinem Tabak. „Nee, min Deern, für heute ist Schluss. Wir haben nämlich ein ziemliches Unwetter da draußen. Ich weiß ja nicht, ob du das mitgekriegt hast heute auf See, da unten in deinem Kabuff." Lachend weicht er Elfriedes Arm aus, der wie ein abgerissener Windmühlenflügel auf ihn zufliegt. „Gnade! Erbarmen, Rosenresli! Klaus-Dieter, Hilfe!"

Aber Klaus-Dieter reagiert nicht. Er ist einfach nur glücklich. Mit einem dicken Grinsen im Gesicht blickt er immer wieder von einem zum anderen. Dass sich alles so wundervoll gefügt hat! Seine Elfie und sein großes Vorbild verstehen sich. Ach, er liebt sie beide, diese wunderwundervollen Menschen! Und morgen wird er im Taxi mit Elfriede zurückfahren. Selbstverständlich. Das ist er ihr schuldig.

„Morgen?", hört er Elfie dröhnen. „Morgen? Ja, wat

meinste denn, du alter Schraubendampfer? Du glaubst doch nicht im Ernst, dat ich mit dem Taxi zurückfahre? Nä, nä, dat gehört mit zur Strafe, Amigo: Morgen haste mich wieder auffem Hals. Ich segel nämlich mit zurück. Ha, dat hättste nicht gedacht, wa?" Elfriedes Lachen verhallt im hinteren Schankraum, wohin der Wirt sich sicherheitshalber zurückgezogen hat. „Strafe muss sein, Männeken! So, und jetzt … jetzt nehm ich die Buddel mit. Du kannst dir von mir aus einen Rum bestellen auf unsere Rechnung, bevor du auf deinen Wackelkahn gehst. Wir gehen jetzt auf unser Zimmer. Wir haben nämlich noch wat vor, nicht wahr, monn amu-hur? – Monn a-mu-huhr! Komm, Scherie-hi, wir gehen. Und vergiss mir bloß nich die Flasche. Die Gläser brauchen wir eigentlich gar nicht, weißte ja … nur den Sekt … hihihi!"

Elfriede hat den Führerschein

Elfriede Mullfuß, eigentlich Moulefousse, ist nicht mehr ganz neu. Sie ist eine gestandene, durch und durch rosige Dame mit sehr viel rosa verpacktem Volumen und französischer Verwandtschaft. Gattenseitig. Sie selber ist unverkennbar deftig niederrheinisch. Deshalb hat sie der Einfachheit halber ihren zarten, französischen Gemahl namens Jean-Jacques auch kurzerhand schon vor der Hochzeit umgetauft in Klaus-Dieter. Das kann man wenigstens aussprechen, ohne sich die Zunge zu verrenken. Und da Jean-Jacques sie liebt, wirklich und wahrhaftig bis in alle Einzelheiten, ist ihm eigentlich egal, wie sie ihn nennt, am allerliebsten natürlich Sche-rie-hie.

Jahrelang hat sich Elfie von Klaus-Dieter in dem schon etwas betagten, aber immerhin achsverstärkten Volvo kutschieren lassen: Von hüh nach hott. Hierhin und dorthin. Wohin auch immer Elfriede wollte und wann immer Klaus-Dieter die Zeit dazu hatte, denn *er* hat ja schließlich noch einen Beruf und muss das liebe Geld heranschaffen.

Irgendwann im letzten Jahr, als die Taxikosten während der 'Klaus-Dieter-Ausfallzeiten' in astronomische Wunderwelten vordrangen, beschloss Elfriede großzügig, auf den neuen Full-HD-Fernseher – Jean-Jacques Traum – vorläufig noch zu verzichten und stattdessen den Führerschein zu machen. Fernseher oder Führerschein, Luxus oder Notwendigkeit, man muss schließlich Prioritäten setzen. Sche-rie-hie nickte dazu mit leichtem Flor in den dunklen Augen.

Das war vor knapp einem Jahr.

Heute hat Elfriede den teuer erworbenen Lappen. Triumphierend und freudestrahlend hält sie ihn jedem unter die Augen, ob er will oder nicht. Elfriede ist stolz. Wahnsinnig stolz. Und das soll ruhig jeder wissen. Die vier verschlissenen Fahrlehrer, einer floh in die Frührente, einer ins Krankenhaus und zwei in die Psychiatrie, hat sie längst abgehakt – Weicheier. Da ist der Ihre doch ein ganz anderes Kaliber!

Mit dem familieneigenen Volvo allerdings fährt sie nicht gern. Eigentlich fährt sie gar nicht. Ehrlich gesagt, will sie auch nicht. Es ist ja nur so, sie *könnte*, wenn es sein *müsste* und sie unbedingt *wollte*. Dann könnte sie. Und dürfte auch. Das ist der springende Punkt: Sie darf fahren, wenn sie will. *Wenn sie will!*

Anfang Mai musste Klaus-Dieter nach Norddeutschland. Er hatte in seiner Zentrale in Bremen einiges zu klären und hinterher wollten sie durchfahren zur Küste. Nach Bremerhaven, Fisch kaufen, bummeln, vielleicht eine kurze Tour rüber nach Dänemark. Was man halt so macht dort oben.

Klaus-Dieter kurvte durch Bremen, zog immer dichtere Kreise um seine Zentrale, aber er fand keinen Parkplatz.

„Warum parkste denn nich hier? – Is doch Platz genug. Oder darfste hier nich? Nä?"

Elfie hatte nach einer Familienflasche Cola Druck auf der Blase. „Guck ma, da ist doch ein Parkhaus!"

Klaus-Dieter verzog den Mund: „Chérie, du weißt doch, isch hasse Parkhäuser. Aber wir sind sofort da. Isch fahre jetzt hier neben die Waschstraße. Ist ja nur für ein paar Minuten, und wenn isch zurückkomme, dann suche isch uns einen richtigen Parkplatz."

„Aber ich muss!"

„Du kannst ja inzwischen schnell hier zur Toilette gehen, Chérie, isch bin sofort wieder da." Damit sprang Klaus-Dieter aus dem Auto und verschwand. Husch, weg war er. Einfach so. Elfriede war allein. Glatt allein gelassen. Demonstrativ faltete sie ihre rosigen Arme über den wogenden Doppel-D-Körbchen und starrte mit vorgeschobener Unterlippe verbissen vor sich hin: „Als wenn ich hier auf so ein Waschstraßen-Klo gehe!"

Nach einer heldenhaften Ewigkeit, Sekunden später, ließ sie den aufgestauten Atem wieder entfliehen und sackte undamenhaft in sich zusammen. Na gut, dann würde sie eben warten. Aber das würde sie sich merken. Nix mit Sex und Gesinge heute Abend. Oh nein, sie würde schmollen und sich lange bitten lassen, bevor …

In diesem Moment, gerade als sie entspannen wollte, klopfte jemand brutal gegen die Seitenscheibe neben ihrem Ohr: „Sie müssen hier weg! Hier dürfen Sie nicht parken. Merken Sie nicht, dass Sie den Eingang blockieren? Fahren Sie ins Parkhaus, aber ein bisschen dalli, wenn ich bitten darf!"

Ein kurzer, aber intensiver Blick huschte ungläubig von den rosa Wipplöckchen zu der pinkfarbenen Bluse, die unterhalb der gewaltigen Quarktaschenbehälter in einem überdimensionalen, zartrosa Faltenrock steckte. „Ähm, können Sie … haben Sie … also, haben Sie überhaupt die Erlaubnis, ein Kraftfahrzeug zu bewegen?"

„Die wie? …Was? … Ach so." Elfriede bedachte den unverschämten Uniformierten mit einem vernichtenden Blick: „Selbstverständlich habe ich eine Fahrerlaubnis, falls Sie das fragen wollten. Aber ich warte hier auf meinen Gatten, der jeden Moment zurückkommen wird."

„Werteste, Sie fahren jetzt augenblicklich den Wagen von hier weg oder ich lasse ihn abschleppen." Der Typ schien ernsthaft entschlossen zu sein. *Dass Klaus-Dieter ihr das angetan hatte! Sie in so eine Situation zu bringen! Er würde mehr, viel mehr als lange bitten müssen!*

Elfriede donnerte die Linke auf den roten Knopf, dass der Gurt wie ein in die Arena losgelassener Kampfstier auf das Gesicht über der Uniform zuschoss – hinter der Scheibe natürlich.

So, dem hatte sie es aber gezeigt. Hocherhobenen Hauptes, ganz Dame, entstieg Elfriede dem Auto, das augenblicklich dem Auto, das augenblicklich den Abstand zum Asphalt vergrößerte und sich sanft auf zwanzig Zentimeter höhere Bodenfreiheit einpendelte.

Wo blieb bloß Klaus-Dieter? Er wollte doch – ratzfatz – wieder zurück sein!

Langsam umrundete Elfriede den Wagen, öffnete die Türe an der Fahrerseite, wischte ein Stäubchen vom Außenspiegel und ließ sich majestätisch auf dem Sitz nieder. Innenspiegel, Außenspiegel, Sitz vor und tiefer, Lenker …

„Fahren Sie jetzt endlich los oder was?"

„Ja, ja, ja!" *(Klaus-Dieter!)* Elfie knirschte mit den Kronen.

„Lady!" Jetzt drohte der Kerl auch noch!

Elfriedes Rechte zuckte zum Schlüssel, der noch im Schloss steckte. *(Klaus-Dieter!)* Wie war das noch mal? Gang raus, Handbremse lösen, dann Kupplung und Bremse. Oder Gas? Oder wie? *(Verdammt! Das wirst du mir büßen!)* Also, gaaanz ruhig! Zeig's dem Blindgänger da draußen. Du bist tough – du bist Elfriede Mullfuß – du hast den Führerschein. Er ist ein Vermögen wert. Du kannst es. Tu es.

Entschlossen knallte sie ihre Schuhe auf *die* Pedale da unten im Nirgendwo, die im ersten Moment erreichbar waren und hoffte, es mögen die richtigen sein. Sie hatte den innigen Wunsch, es dem Typen zu zeigen und ihm zumindest über die Füße zu fahren. Mit Karacho. Und dann elegant ab ins Parkhaus. Ohne Klaus-Dieter. Jawoll. Selbst ist die Frau.

Der Motor heulte auf, der schwere Volvo bockte wie ein Kamel mit Schluckauf, und der Uniformierte sprang aus dem Stand den ersten Flickflack seines Lebens. Das Letzte, das er hörte, bevor er sich fassungslos in die Ohnmacht flüchtete, war das dröhnende, rosafarbene Lachen, das sich mit rasanter Geschwindigkeit entfernte.

Elfriede war glücklich. Unverschämt, irreal glücklich. Elfriede fuhr Auto. Sogar den Volvo. Klaus-Dieters Volvo. Den Angst-Volvo. Einfach so. Ohne Klaus-Dieter. Ganz alleine. Durch ein fremdes Parkhaus. *„Bruder Jakob, Bruder Jakob …"*

Klong.

„ … *hörst du nicht die Glocken* … Ach, Scherie-hie, Scherie! Was für ein Gefühl! Was für ein erhabenes Gefühl!"

Klong.

„Scherie-hie, ich verzeihe dir. Heute Abend kaufen wir Schampus wie auf Usedom und dann wird gesungen und … hihihihi!"

Klong.

Weit unten in den Windungen des Parkhauses verhallte Elfriedes Gesang und verschluckte das bange, dünne Rufen mit dem französischen Akzent: Elfie? Elfriede! Chérie!!!

Tagestour nach Helgoland

„Scherie-hi, weißte wat? Ich hab da so 'ne Idee. Jetzt, wo wir sowieso schon hier bei de Nordlichter sind, könnten wir eigentlich auch mal für einen Tag rüber nach Helgoland juckeln. Ich bin ja jetzt seefest nach dem Palaver auf dem Segelkahn. Und außerdem hab ich heute unser Auto gefahren. Richtig gefahren. Ganz alleine, als DU *MICH* da vor dem Parkhaus alleingelassen hast und ich fahren musste, weil der gemeine Typ mich gezwungen hat. Ach, wat sag ich – schikaniert bis aufs Blut. Tut mir immer noch leid, dat ich dem nicht über die Füße gefahren bin. Aber dat hättste sehen müssen, wie der gesprungen ist! Ich hab mich totgelacht."

„Ja, und dabei drei andere Autos gestreift", kam es leise von Klaus-Dieter. „Das wird teuer. Die stufen mich hoch bei der Versicherung."

„Ach wat." Elfie wischte seinen Einwand kurzerhand beiseite. „Dat erklär' ich denen schon. War doch so wat wie Notwehr am Steuer. Ich musste doch. Also hat der … der Dingens da … Schuld. Nicht ich. Ach komm, Scherie, nun sei doch nicht so. Lass uns einen Tag blau machen und uns Helgoland angucken. Da wollt' ich immer schon mal hin. Ich hab doch mal wat gelesen von einer berühmten Frau da, vielleicht treffen wir die sogar. So 'ne große. Oder lange. Wart mal, die heißt … ähm … Wilma. Oder … nä … Hanna? – Ach komm, Scherie-hi, monn köhr, monn amu-hur!"

Elfie schmiegte sich rechtsseitig an ihren Gatten, schnurrte ihm ins Ohr und stützte ihn gleichzeitig, weil sie merkte, dass er dabei war, das Gleichgewicht zu verlieren.

Gemeinsam stolperten sie einen Schritt rückwärts, dann hatte Klaus-Dieter sich gefangen und stand wieder fest auf den Füßen, Elfie noch immer vor seiner Brust. Zarter Rosenduft stieg aus rosigem Dekolleté und verwirrte ihm die Sinne …

Zwei Stunden später hatten sie die Tickets in der Hand.

„Kulinarische Tagesfahrt! Dat klingt gut! Wat meinste, wie wir da verwöhnt werden. Mit Matjes und junge Kartöffelkes. Zwei Mahlzeiten! Hin und zurück! Wenn ich *nur* die Überfahrt gebucht hätte, müssten wir glatt Bütterkes mitnehmen. Oder hungern und alles später in Helgoland kaufen. Aber – sag mal – haste den gesehen, der da vor uns dran war? Den dicken Alten mit de Glatze und Gesundheitslatschen? Der hat die *Grünkohl-Tour* gebucht – Wat ist eigentlich Grünkohl? Ist dat so wat wie unser *Mus*? Ja? Und warum sagen die dat dann nicht? Tss.“ Elfie schüttelte tadelnd den Kopf, dass ihre rosigen Löckchen flogen. „Wat wollt' ich denn jetzt sagen? Ach ja: *Grünkohl*! *Grünkohl mit Pinkel!* Ihhh! Haste so wat Ekliges schon mal gehört? Dat kann man doch nicht essen. *Pinkel. Pipi*! Uah!!!“ Elfie schüttelte sich wieder. „Dat schmeckt bestimmt genauso ekelhaft, wie et klingt.“

Klaus-Dieter schüttelte sich auch. Aber nur, weil seine Elfie sich schüttelte. Er hatte nur mit einem Ohr hingehört. Besorgt wischte er auf seinem Smartphone den Wetterbericht hin und her. Nordsee / Norddeutschland / Helgoland – was er sah, war nicht geeignet, Vorfreude auf die Tour zu wecken. Wenn Elfie das mal schaffte!

Elfie schaffte.

Fast. Eigentlich eher nicht.

Mit eisernem Willen würgte sie den delikaten Matjes

hinunter. Bezahlt ist bezahlt! Gab dann aber doch seinem Willen nach und ließ ihn wieder schwimmen. Mitsamt den Bratkartoffeln.

Behutsam wischte Klaus-Dieter über Elfies Gesicht, das mit seinem fahlen Grün einen seltsamen Kontrast zu den munter wehenden rosa Löckchen bot: „Pauvre fille."

„Klaus-Dieter, mir ist so schlecht, ich will nur noch sterben. Wann kommen wir denn endlich an? Ich will runter von diesem elenden Kahn. Dagegen war die Ostsee ja die reinste Badewanne. Du immer mit deine Ideen."

„Chérie, ma rose, es dauert nicht mehr lange, schau mal da hinten, siehst du? Da ist schon Helgoland. Aber – unsere Fähre kann nicht bis dorthin. Wir müssen leider … ähm … vorher umsteigen in … ähm … kleine Börteboote."

„Börteboote? Wat is denn dat schon wieder?"

„Kleine Boote, die uns an Land bringen."

„Umsteigen? Ich soll umsteigen? Bei *dem* Seegang? Die Wellen sind doch meterhoch!"

„Ach, Chérie!" Klaus-Dieter murmelte leise in Elfies Haare. Er war äußerst besorgt. Hätte er doch gleich nach dem Wetter geschaut und sich durchgesetzt, statt sich mal wieder von Elfies Rosenduft einwickeln zu lassen. Wie sollte er sie bloß heil in das Börteboot kriegen? Die Wellen waren tatsächlich ganz schön hoch für ein Mädchen vom platten Niederrhein. Bang hing sein Blick an den winzigen Bötchen, die scheinbar hilflos auf den Wellen tanzten … und doch schnell näher kamen.

„Chérie, komm, wir müssen unsere Sachen zusammenpacken. Wir werden gleich ausgebootet."

Elfie schniefte noch einmal laut, dann hob sie den

Kopf aus Klaus-Dieters Halsbeuge und straffte die Schultern. „Na gut, wenn et denn sein muss. Aber wehe! Dat sag ich dir …"

„So, die Dame. Jetzt Sie. Ja, Sie da in Pink. Kommen Sie, keine Angst! Ich helfe Ihnen. Nehmen Sie meine Hände … und dann … einen großen Schritt … nein, nicht nach unten sehen … schauen Sie mir in die Augen!"

Schwarzes, brodelndes Wasser …Wellen … meterhoch …

„Klaus-Dieter! Nä! Ich will *deine* Hände! Dem da trau ich nicht. Für den bin ich ja nur eine von vielen. Du musst zuerst rüber und mich dann stützen."

„Lady, wat is denn nu? Sie halten den ganzen Verkehr auf."

„Klaus-Dieter!"

„Ja, Chérie, toute suite, isch bin ja bei dir. Alles geht gut." Und mit einem lockeren Sprung an der helfenden Hand des Skippers landete Klaus-Dieter im Börteboot. Augenblicklich drehte er sich wieder zu der Fähre um, rammte seine Füße gewohnheitsmäßig in den Boden und streckte Elfie beide Hände entgegen.

Sie beugte sich vorsichtig vor. Brodelndes Wasser, schwarz wie eine Unwetternacht, tobte zwischen ihr und Klaus-Dieters Händen. Das kleine Bötchen sprang auf den Wellen auf und ab. Und da sollte sie rüberspringen? Ohne Netz und doppelten Boden? War sie etwa so'n Artist? Nä, nä! Auf gar keinen Fall. Sie sprang rückwärts, fuchtelte wie wild mit den Armen, prallte gegen Leute, die ungeduldig hinter ihr Schlange standen und riss sie von den Füßen.

„Klaus-Dieter, komm sofort wieder zurück. Wir gehen

nicht an Land. Wir bleiben an Bord. Ich bin doch nicht lebensmüde! Oder willste hier auf der Stelle Witwer werden? Ja? Willste dat? Ich denke, du liebst mich. Die 'lange Karla' kann mir gestohlen bleiben. Die ganze Scheiß-Insel kann mir gestohlen bleiben. Ich versteh überhaupt nicht, watte da willst. Komm sofort wieder zurück!"

Ohne Blick zurück stapfte Elfie an den Passagieren vorbei, die ihr mit offenem Mund nachstarrten. *Dieser Klaus-Dieter, unfassbar! Wat der immer für Ideen hatte …*

Sicheren Schrittes, das Schwanken der Deckplanken ignorierend, steuerte Elfie das Restaurant an: „Ich bleibe an Bord und wünsche jetzt zu speisen. Mein Gatte wird gleich kommen. Wir haben die kulinarische Tagesfahrt gebucht: Also – Matjes, frische Kartöffelkes und gemischter Salat. Und Tiramisu. Und ein ordentliches Bier. Und zwar en bissken dalli, wenn ich bitten darf. Ich hab nämlich nix im Magen."

Kurzzeitig füllte sich Elfies Magen mit gebuchten und bezahlten Speisen, aber als sie in Bremerhaven von Bord ging, war er so leer wie zuvor.

Mittagszeit - Leidenszeit

Ihr Schrei zerriss die nachbarschaftlichen Geräusche ...

Sie essen immer pünktlich, Klaus-Dieter und Elfriede. Scherie-hie pflegt seine festen Regeln, und Elfie hat schlicht Hunger. Also steht das Essen um Punkt halb eins auf dem Tisch. Um viertel nach eins ist es gegessen und die Küche wieder blitzblank. Denn dann, so hat Elfriede gelesen, beginnt der Leistungsabfall, der Countdown des Biorhythmus'. Und deshalb sollte man unbedingt eine Pause einlegen – ruhen, verdauen, Beine hoch, Augen zu, neue Energie tanken.

Normalerweise legt sie sich dann auf die rosafarbene Wellness-Couch und döst eine Runde, während Klaus-Dieter, der ja eigentlich Jean-Jacques heißt, lieber mit seiner zweiten großen Liebe ins Bett kriecht – Harry Potter.

An jenem siebzehnten Juli aber strahlte die Sonne vom wolkenlosen Himmel. Das kommt ja nicht allzu oft vor, deswegen beschloss Elfriede spontan, heute Mittag draußen zu ruhen. In ihrem rosaroten Garten. Klaus-Dieter musste selbstverständlich mit.

Beide Liegen, eine normale und eine doppelt breite, wurden präpariert mit Auflagen, Unterlagen, Kopf- und Beinkissen, ergänzt durch Sonnenmilch und Wespen-Weg-Spray. Es dauerte eine Weile, bis Elfriede wohlig seufzend auf ihre Liege plumpste. Einen Augenblick lang sah es so aus, als werde die Liege kollabieren, aber nach kurzem Aufsetzen auf dem Boden quälte sie sich dann doch ächzend wieder ein paar Zentimeter in die Höhe.

Elfie kannte das – wenngleich – es schien schlimmer zu werden. Ob die Liege diesen Sommer noch überleben würde?

„Scherie-hie, ist das nicht herrlich?" Elfie wuselte sich zurecht und zupfte ihren pinkfarbenen Tankini, den sie seit Usedom nicht mehr getragen hatte, züchtig über ihr weißes Fleisch. Sie zog die schützende Kappe wegen der nicht-kommen-sollenden Falten noch etwas tiefer über die Augen. Dann schloss sie selbige und faltete die Hände glücklich und zufrieden über dem wohlig gefüllten Bauch. Siesta. Endlich Ruhe.

Klaus-Dieter sah ihre entspannt-geschlossenen Augen, ihre ganze pralle Schönheit, die unschuldig vor ihm ausgebreitet lag, und sein Herz vollführte Bocksprünge. Er schluckte trocken: *Mon Dieu, ist das eine Hitze heute!* Auf Zehenspitzen schlich er näher. Sah sich um. Und schluckte wieder. Niemand zu sehen. Zärtlich beugte er sich über seine wunderschöne Rose und hauchte ihr einen Kuss in die Halsbeuge. Dahin, wo früher eine so zarte Kuhle gewesen war.

In diesem Moment knallte es laut. Klaus-Dieter fuhr empor. Elfie wollte, schaffte es aber nicht. Was war das? Ein Schuss? *Peng! Brumm. Pött, pött, pött. Brumm, pött, pött, pött …*

„Nä! Och nä! Dat glaub ich jetzt aber nich. Dat is doch wieder der blöde Gärtner von denen da nebenan. Und der hat noch immer den ollen Rasenmäher! Können die dem nicht mal einen neuen kaufen? Och Mann! Und dann noch, wenn wir mal – *einmal* – draußen relaxen wollen! Eine Frechheit is dat!"

Die Minuten tickten dahin – *brumm, pött, pött …* Der Gärtner jenseits der Hecke war ein sehr geduldiger

Mensch, ganz im Gegensatz zu Elfriede. „Scherie-hie, jetzt is aber genug! Tu doch endlich wat! Gib dem unsern Rasenmäher. Oder gib ihm eins auffe Zwölf! Oder gib ihm meinetwegen dat alte Nagelscherken aus meinem Nähkäsken. Mit dem kann der die paar Hälmkes genauso gut abknibbeln. Ich … will … endlich … ausruhen!"

Klaus-Dieter rang verzweifelt die Hände, hin und her gerissen … *brumm, pött, pött, pött …*

Plötzlich mischte sich eine andere bekannte Geräuschkulisse in die abgasträchtigen Rasenmäher- Startversuche. *Wuuhhhhhhhhhhhh, wuhhhhhhhhhhhhhhhh, klatsch-krach, wuuuhhhhhhhh!*

Der sogenannte Tiefbauunternehmer gegenüber auf dem Platz hatte seinen alten Schaufelbagger angeschmissen und fuhr mit durchgedrücktem Gaspedal sein qualmendes, stinkendes, gelbes Ungeheuer die Gesteinsberge hoch und runter, schaufelte hierhin und dorthin und ließ dicke Gesteinsplatten auf die noch leere Metallfläche eines Lasters fallen: *Brumm, pött, pött, pött. Wuuuuhhhhhhhhhhhhhhhhhhhhh, klatsch, peng, krach.*

Klaus-Dieter fuchtelte wild mit den Armen.

„Wat haste gesagt?", schrie Elfriede. „Ich kann dich nicht verstehen!"

„ … reicht mir … voll … weg … Mittag …"

„Was?"

Als Klaus-Dieter um die Ecke verschwunden war, beschloss Elfriede, stärker zu sein als die Unbilden rundum, den Krach zu ignorieren und sich zu entspannen. Erneut schloss sie die Augen. Es war schließlich Mittagszeit. Ruhezeit. Die konnten sie alle mal!

In dem Moment sprang der Rasenmäher an. Nicht richtig, aber es reichte, um ihn ein bisschen hin und her zu schieben. Ein gleichmäßiges, sattes Motorengeräusch hätte Elfriede ja gar nicht so gestört, aber dieses Gestotter erinnerte sie doch sehr an ihren alten Onkel, der jedes Auto kaputtgekriegt hatte, weil er die ersten zehn Kilometer immer nur im ersten Gang gefahren war. Gas bis zum Bodenblech … hochziehen … jaulen. Gas weg, orgeln … Gas bis zum Anschlag, hochziehen … jaulen. Gas weg, orgeln …

Der Gärtner schob den jaulenden Rasenmäher offenbar mit Gewalt gegen den zu stutzenden Rasen. *Brrrumm, brrrumm, brrrumm, brrrumm, brrrumm.* Und zwischen *brumm, brumm, brumm* immer diese kleinen Klagelaute des Motors: *brrrumm, wuschhh, phf, brrrumm, wuschhh, phf* …

Na, wenigstens würde er in spätestens fünf Minuten fertig sein mit dem handtuchgroßen Stückchen Rasen, tröstete sich Elfie. Aber der Mann mähte und mähte, nicht nur vertikal und horizontal, sondern offensichtlich auch nochmals diagonal. Jedes Mal, wenn er auf gefühlte zwanzig Zentimeter an Elfriede herankam, vibrierten ihre Nerven, und sie presste die Fingernägel in die rosigen Hände. Sie war nahe daran, zu schreien.

„Nein, nein! Ruhig, ich bin ruhig. Ich bin gaanz ruhig. Ich schreie nicht. Ich …"

Ihr Schrei zerriss und übertönte die nachbarschaftlichen Geräusche – augenblicklich fingen die sechs kleinen, nervösen Hibbelhunde gegenüber unisono an zu bellen.

Der Rasenmäher mähte weiter.

Der Schaufelbagger baggerte weiter.

Die Hunde bellten weiter.

Elfriede schrie weiter.

Klaus-Dieter fiel aus dem Bett.

Elfie und die Politik

„Scherie-hi? Wat kommt denn heute Abend in't Fernsehen? Tatort, oder? – Nä? Wie jetzt? Warum denn nicht? Is doch Sonntag, da kommt immer Tatort. Oder Traumschiff. Oder so 'ne schöne Liebesgeschichte aus England von et Land's End oder wie dat da heißt. – Scherie-hi, sach doch mal. Wat kommt denn nu?"

Elfriede Mullfuß, Gattin des gebürtigen Franzosen Jean-Jacques Moulfousse, von Elfriede einfachheitshalber eingedeutscht in Klaus-Dieter Mullfuß, schob ihre einhundertflipsundflipsig Kilo rosiges Fleisch passgerecht in die Ecke der rosa bezogenen Wellness-Couch. „Also, wat kommt denn dann heute Abend in't Erste? Oder ZDF? Oder RTL oder sonst irgendwo? Meine Güte, wir ham doch auch Sky!"

„Chérie, heute Abend läuft überall das Duell zur Wahl mit der Kanzlerin und dem Steinbrück." Klaus-Dieter tätschelte zärtlich den Handrücken seiner Liebsten und blinzelte bedauernd. „Chérie – ist doch kurz vor der Wahl."

„Steinbrück?" Elfriede setzte sich kerzengerade auf. „Den kenn ich! Der hat doch geweint. Und … und hatte der nicht so einen Superspruch? Hab ich doch auf mein Handy gekriegt. Dat war – warte mal – dat ging so: Irgendwat mit hätte, hätte … und dann noch wat Lustiges. Warte mal, kann ich gleich mal nachgucken auf mein Handy …"

„Elfie, mon amour, lass doch, ist doch völlig unwichtig. Die Sendung fängt schon an. Isch möchte sie gerne sehen."

„Warum dat denn? Ist doch sterbenslangweilig. Und außerdem, wenn et jetzt um irgend wat Französisches ging, wie den Schiskar Destäng zum Beispiel … ähm … den gibbet glaub ich gar nicht mehr? Oder den ’Zwerg Nase’ da von euch, na, wie heißt der doch gleich? Weißte doch, der, der so 'ne Carla geheiratet hat, die, die … ach, Mann, die hat doch noch ein Baby gekriegt, die war doch immer inne Zeitungen … weißte nicht? Hat die nicht auch gesungen? Oder geschrieben? Irgend wat war doch mit die! Aber jetzt – die Angela und die Politik – hör mal, dat ist doch sterbenslangweilig. Dat kennen wir doch schon seit ewig und drei Tage!“

Jean-Jacques lächelte. Seine Elfriede! Typisch. Seine unvergleichliche Elfie. Son amour. Die Liebe seines Lebens. Sie hatte ihn all die Jahre mit ihrer Liebe so glücklich gemacht, mit ihrem überschäumenden Temperament. Für ihn war sie die Schönste, die Einzige. Er liebte jedes einzelne ihrer weichen Pfunde, denn darin wohnte ihr großes Herz. Dieses Herz, das nur für ihn schlug.

Sein Herz erwachte, und er rückte näher …

Gartengefahren bei den Mullfüßen

Seit einiger Zeit fällt es den Mullfüßen immer schwerer, ihren kleinen Garten wie früher in Schuss zu halten. Sie, Elfriede, ist im Laufe der Jahre einfach viel zu rund geworden. Wie soll sie sich da noch bücken können? Und wenn, wie dann wieder hochkommen?

Und Klaus-Dieter ist mittlerweile so dürr, dass ihm die Rippen fast das Hemd durchbohren. Vor allem, wenn er sich bücken muss. Und das will Elfie nicht, weil sie es hasst, nähen zu müssen. Und ständig neue Hemden? Geht auch nicht. Also will *sie* sich lieber bücken bei der Arbeit. Sie weiß ja auch, dass ihr Scherie das nicht ungern sieht. Dann kriegt er immer dieses Glitzern in den Augen. Oh ja, sie kennt ihren Klaus-Dieter!

Sie kichert voller Vorfreude und steigt in ihren lila Overall. Eigentlich ist es kein Arbeitsoverall, aber es war in ihrer Größe der einzige in sämtlichen Kaufhäusern, der in etwa einem Pinkton nahe kam. Und Elfie steht nun mal voll auf Rosa und Pink. Das schmeichelt ihrem Täng, findet sie. Oh ja, Elfie hat im Laufe ihrer Ehe so manches französische Wort von ihrem Schatz gelernt. Vor allem die Kosenamen: Scherie-hi, monn ammu-hur, merde … oder stopp, das … ähm … hieß wohl was anderes. Oder? „Sag doch noch mal ebkes, Klaus-Dieter!"

Jean-Jacques, wie Elfie ihren Schatz niemals nennt, weil es zu unaussprechlich ist, löst seinen Blick von ihrem Anblick und lächelt glücklich. Wie sehr liebt er diese Frau, diese wunderbare, einzigartige Frau mit den rosa Wipplöckchen. Elfie, seine Rose, sa femme merveilleuse.

„Nu komm mal wieder bei, Scherie-hi." Elfie zerrt an

seinem Arm. „Erst die Arbeit, dann, o làlà."

Klaus-Dieter schnappt sich die Gartenschere, einen großen Kübel und geht entschlossen auf die Rosenhecke zu. „Isch übernehme die Rosen, den Baum und den wilden Wein, du die kleinen Sachen, mon amour."

In friedlicher Harmonie arbeiten die beiden Seite an Seite und bereiten ihren Garten auf den Winter vor. Klaus-Dieter denkt an die Flasche Sekt, die er mittags heimlich auf Eis gelegt hat und Elfie an die Steaks, die sie morgens besorgt hat. Sie riecht schon den Duft aus der Pfanne und schluckt sehnsüchtig. Bald, ganz bald, wird sie sagen, sie kann nicht mehr und ins Haus gehen. Und dann …

In diesem Moment kracht es fürchterlich hinter ihr. Elfie fliegt herum. Da liegt ihr Klaus-Dieter, umgeben von morschen Ästen, mitten in den Rosen. „Monn ammu-hur! Hilfe! Wat is passiert? HILFE! Kannste vielleicht selber aufstehen? – Nä?"

Mit schmerzverzerrtem Gesicht schaut Klaus-Dieter zu Elfriede auf. „Chérie, isch kann nischt. Isch glaube, isch habe mir was gebrochen. Du musst mir helfen." Wie immer in Ausnahmesituationen bricht sein Akzent durch.

Mit einem Aufschrei geht Elfie in die Knie. Sie merkt nicht, dass sie damit eine Schneise der Zerstörung in die Rosen haut. Sie sieht nur ihren Scherie. „Wie … wo … sag doch, Scherie-hi! Wat haste denn? Wo tut et denn weh?" Hektisch sucht sie seinen Körper in dem viel zu großen Arbeitsanzug ab, tatscht hier, drückt da, während ihr dicke Tränen über die rosigen Wangen strömen. „Halt durch, Scherie. Ich bin ja da. Wat muss ich denn jetzt …? Wo hab ich denn bloß mein Handy?"

Elfriede packt Klaus-Dieters Arm, der schlapp auf

dem grauen Drillich liegt und zieht … zieht. Warum kommt er denn jetzt nicht hoch? Der muss doch hochkommen. Raus aus den Dornen. Aber Klaus-Dieter liegt mit bleichem Gesicht und geschlossenen Augen regungslos da. Regungslos? Hat er auch noch 'Herz'?

Elfies Blick fliegt zum Haus. Handy holen, Hilfe holen. Aber Klaus-Dieter allein lassen? Auf gar keinen Fall. Ungeachtet der Rosendornen schmeißt sie sich über ihren Gatten und presst ihre Hände rhythmisch schluchzend auf seinen mageren Brustkorb. Tatütata – tatütata – tatütata!

Klaus-Dieter reißt die Augen auf. Sein Schrei zerreißt das monotone Blaulicht auf seiner Brust: „Hör auf, Chérie! Erbarmen! Du bringst misch um! Isch habe doch nur ein Bein gebrochen! Und du hockst darauf!“ Elfriede wuchtet sich empor. Und lässt sich glücklich zurückfallen – mitten auf Klaus-Dieters Hühnerbrust, die von der Massage bereits bedrohlich blau angelaufen ist.

„Scherie-hi! Ach, mein Scherie-hi! Du lebst! Wat bin ich glücklich!“

Und schon herzt und küsst sie ihn, bis er lachend um Gnade fleht. „Chérie, bitte! Rufst du mir jetzt bitte einen Krankenwagen? Einen richtigen? Mit richtigem Tatütata?“

Elfriede muss abnehmen

Eigentlich hat es Klaus-Dieter noch nie gestört, dass seine geliebte Gattin sich seit der Hochzeit kontinuierlich verbreitert hat. Ganz im Gegenteil, er liebt es, wenn er sein Gesicht in ihr weiches, rosiges Fleisch kuscheln kann. Dann fühlt er sich geborgen und unendlich glücklich. Er liebt die ganze Elfie von oben bis unten mit all ihren wunderbaren Pfunden tatsächlich von ganzem Herzen.

Aber – sie muss abnehmen. Hat der Doktor gesagt.

Mindestens fünfzig Kilo. Hat der Doktor gesagt.

Es wird gefährlich, hat er gesagt.

Elfies Gesundheit ist ernstlich in Gefahr. Klaus-Dieters natürlich auch. Denn die Gefahr, dass er versehentlich unter Elfie begraben wird und das nicht überlebt, ist groß. Sehr groß. Aber das hat der Doktor wohlweislich nicht gesagt.

Abnehmen soll sie also. Fünfzig Kilo. Diät und Bewegung. Sport. Laufen. Radfahren.

Ha! Hat der Kotzbrocken eigentlich eine Ahnung, wie viel fünfzig Kilo sind? Im normalen Leben? Das ist fast so viel, wie der ganze Klaus-Dieter samt Anzug auf die Waage bringt. Wenn sie dem fünfzig Kilo wegnehmen, passt er in einen Kinderwagen. Nä, nä, zu *dem* Doktor geht Elfie nie mehr. Im Leben nicht. So ein eingebildeter, spindeldürrer, selbstgerechter Lackaffe in Weiß! Der hat doch glatt verlangt: Keine Kartöffelkes mehr mit dicke, braune Soße. Kein fettes Fleisch. Stattdessen viel Gemüse, aber nur durchs Wasser gezogen wie bei de Engländer. Alles ganz ohne Sößkes und Sahne. Auch nirgendwo mehr en Stücksken Butter dran. Überhaupt kein Fett. Kein Zucker. Kein gar nix mehr. Hat der Idiot doch tatsächlich gewagt zu fragen, wie viel Butter sie in der Woche verbraucht. Dabei sind gerade Butter und Sahne ganz normale, äußerst gesunde Geschmacksträger. Null Ahnung, der Typ!

„Am besten lassen Sie das Essen demnächst einfach ganz weg und nehmen nur noch diesen absolut köstlichen, schweineteuren Kilo-Killer-Ersatzpapp zu sich" Elfie spuckt die einzelnen Worte übertrieben akzentuiert aus. Ihre Stimme schwappt über vor lauter Empörung. Sie ist völlig außer sich. Eine Frechheit von diesem Kerl! Dem hat sie vielleicht die Meinung gegeigt. Der passte hinterher in keinen Schuhkarton mehr.

Aber Elfie selber ist auch fertig. Abwechselnd heulend, schimpfend und schniefend rennt sie mit Riesenschritten Richtung Parkplatz. Klaus-Dieter kommt nicht mit. Er ist völlig verzweifelt. Son amour, seine Rose, wie kann er sie nur trösten? Er muss ihr helfen, ein willensstarker Partner sein. Doch was kann er tun? Sein Gehirn rotiert.

„Klaus-Dieter!" Elfie schnieft und tastet tränenblind um sich. „Wo biste denn, Scherie-hi? Nu komm doch mal. Tu doch mal 'en Taschentuch! Und sag du doch auch mal wat. Wat hältst du denn von dat Ganze? Wat meinst du denn? Meinste auch, dat ich abspecken muss? Du findst mich doch schön oder? Sachste doch immer. Und dat is doch die Hauptsache."

Außer Atem kommt Scherie-hi gerade noch rechtzeitig neben Elfie an, um ihre letzten Worte zu verstehen. Er zwinkert heftig hinter seinen Brillengläsern. Seine arme Kleine tut ihm so schrecklich leid. Sie ist ja völlig außer sich.

„Ruhig, mon amour, ganz ruhig." Er kaut an seinen eigenen Tränen, die ihm die Stimme nehmen wollen, während sich in seinem Hinterkopf langsam und vage eine Idee einnistet: „Wir werden gemeinsam einen Weg finden. Du und isch. Und nun komm, Chérie, sei nischt mehr böse auf den … den … bösen Mann da."

Noch ein tiefer Schluchzer, dann versiegen Elfies Tränen, und sie schmiegt sich dankbar an die Schmalseite ihres schmalen Gatten. So laufen sie gemeinsam dicht an dicht mit ineinander verschränkten Händen bis zu ihrem geparkten Auto. Klaus-Dieter, ganz Kavalier, öffnet ihr die Tür zu dem achsverstärkten Volvo, drückt, schiebt und arrangiert Elfies Massen auf den Beifahrersitz. „So, Chérie, wir fahren jetzt nach Hause wie immer. Aber morgen …"

„Wat is denn morgen?"

„Morgen, Chérie, kaufen wir – Fahrräder!"

„Fahr-rä-der?" Elfie zieht einen Schmollmund. „Och, Scherie, ich weiß nicht. Ich bin so lang nicht mehr gefahren. Aber du meinst doch sicher so Dinger mit … ähm … Kafupptich … wo man selber gar nicht mehr so ackern muss … oder?"

Klaus-Dieter schüttelt sacht den Kopf.

„Nää? – Sag nicht, du meinst so richtige Fahrräder wie die, die wir früher als Kinder hatten?"

Elfies Gesicht, noch tränenfeucht, wird immer länger. Doch dann hat *sie* eine Idee: „Scherie-hi, du weißt doch noch … wat hältste denn stattdessen von die Dinger, die wir uns auf Usedom geliehen haben, wo wir die ganze Promenade mit rumgedüst sind … und dann da im Sand an der alten Grenze nach Polen … weißte nicht mehr, Scherie-hi? Mit dem Sekt? Du und ich? …? Ach, Scherie-hi!"

Guter Rat ist teuer

Elfriede Mullfuß ist zu dick. Viel zu dick. Sie muss dringend abspecken. Sagt ihr Doc. Aber Klaus-Dieter, gebürtiger Jean-Jacques Moulefousse, ist da eigentlich ganz anderer Meinung. Denn er liebt jeden einzelnen dieser zart nach Rosen duftenden Hügel zwischen den vielen, aufregenden Gebirgslandschaften, die weich und verlockend den Körper seiner geliebten Frau zieren. Abspecken, das wäre ja fast ein Sakrileg! Also Rubens, der wäre wahrscheinlich auf Knien zu seiner Elfie gerutscht und hätte sie angefleht, sie malen zu dürfen.

Aber andererseits, Klaus-Dieter ist ja kein Egoist. Er will für seine Elfie nur das Allerbeste.

Schließlich liebt er sie doch über alles. Und wenn dieser Docteur sagt, Elfies Gesundheit ist ernsthaft in Gefahr, dann wird er natürlich ganz bescheiden in den Hintergrund treten. Was sind schon seine Wonnen gegen Elfies Wohlergehen? Aber trotzdem – für ihn steht seine Elfie auf der Wahlliste zum Weltkulturerbe ganz weit oben. Und zwar so wie sie ist. Einzigartiges, pralles Leben. Schönheit pur.

Elfie ist natürlich derselben Meinung. Wie viele Jahre hat sie gebraucht, um dieses Volumen zu perfektionieren? Wenn sie vor dem großen Wandspiegel im Schlafzimmer steht und sich ohne Brille kritisch betrachtet, muss sie ganz ehrlich und rein objektiv sagen, dass sie proper aussieht. Einfach proper. Auf jeden Fall tausendmal besser als all diese hässlichen Hungerhaken, an denen jedes Kleidungsstück ungebremst herunter rutscht.

Aber gut, wenn et denn sein muss! Elfriede seufzt tief

auf und schiebt sich zur Beruhigung einen Riegel Nuss-Schokolade in den Mund. „Klaus-Dieter! – Klaus-Dieter, wo biste denn? Scherie-hi! Komm doch mal! Hör mal, ich geb auf. Ich tu et. Du kannst die blöden Fahrräder kaufen gehen. Aber dat Zeug ausse Werbung, dat trink ich nicht. Wie die da schon so schlank angerauscht kommen im Fernsehen mit ihrem Bild von früher unterm Arm und dabei noch so bescheuert singen: Je-ko-be! Nä, da mach ich doch lieber 'ne gute Döner-Diät. Is lecker und gesund. Ich weiß dat von eine Freundin, die hat mit Döner unheimlich abgenommen. Ehrlich!"

„Mon amour!" Klaus-Dieter breitet beide Arme weit aus und schmiegt sich glücklich an Elfies Vorderseite. Noch ist alles so, wie er es liebt, aber wie lange noch? Eigentlich sollte man die Zeit nutzen. Die Fahrräder laufen nicht weg. Und die Diät auch nicht.

„Chérie? Wir haben doch da noch eine Flasche Sekt …"

Elfies Döner-Diät

„Scherie-hi? – Scherie, bevor wir mit dat Fahrradfahren anfangen, möcht ich aber lieber erst mal nur ein paar Tage die Döner-Diät machen. Weißte, Scherie, alles auf einmal – Training und hungern – dat is zu viel. Dat schaff ich nicht." Elfriede Mullfuß schiebt Mitleid heischend die Unterlippe vor und blinkert mit den Augen die nicht vorhandenen Tränen weg. „Ich hab so'n Hunger, Scherie! Wenn ich mir vorstell, dat ich jetzt so mit leerem Bauch auf die Fiets müsste und gegen den Wind an! Nä, dat könnt ich, glaub ich, nicht."

Jean-Jacques, oder vielmehr Klaus-Dieter, wie seine Elfie ihn lieber nennt, ringt verzweifelt die Hände. Sein Herz blutet vor Mitleid. Wie gerne würde er seinem Herzblatt ein schönes, dickes Stück von der Torte abschneiden oder wenigstens ein Stück Mettwurst oder Käse. Er spürt förmlich, wie Elfies Magenwände sich vor Hunger krümmen. Ihre Schmerzen sind seine Schmerzen. Aber er darf nicht. Er muss stark bleiben. Für Elfie, son amour. Zärtlich schließt Klaus-Dieter seine zitternde Frau in die Arme: „Komm, mon amour, wir fahren sofort zur Döner-Bude und lassen uns einen dicken, extragroßen Döner machen."

„Mit alles?" Elfie schnieft undeutlich in seinen Pullunder hinein.

„Natürlich, Chérie."

„Aber auch en paar Pommes, ja? So drög allein schmeckt der Döner doch gar nicht mit all dat Grünzeug da drin."

„Alles, was du willst, mon coeur. Und nun komm. Wir

fahren sofort los."

Der altbewährte, achsverstärkte Volvo geht gewohnheitsmäßig in die Knie, als Jean-Jacques seine geliebte Gattin auf den Beifahrersitz schiebt und anschnallt.

Die Dönerbude ist in der Querstraße, zwei Fahrminuten von daheim entfernt. Mit einem Aufheulen wälzt sich Elfie aus dem Auto und stapft auf den Eingang zu: „Zwei große Döner mit alles, eine große Pommes mit doppelt Mayo. Aber nicht so viel Ketchup, ich bin nämlich auf Diät, junger Mann! Und en bissken flotti, wenn ich bitten darf, ja? Ich bin am Verhungern!"

„Sehr wohl, die Dame." Ein rascher Seitenblick streift Elfies Landschaften und ein Mundwinkel zuckt geringschätzig.

„Hör'n Sie mal, Männeken, dat hab ich gesehen! Klaus-Dieter, Scherie-hi! Hast du den Blick auch gesehen? Sie, dat is 'ne Frechheit. Eigentlich wollte ich ja demnächst hier Stammkunde werden, aber wo Sie so gucken, da überleg ich mir dat noch mal gründlich. Et gibt schließlich auch noch andere Buden als die hier. Phh!"

Klaus-Dieter schiebt sich beschützend mit ausgestreckten Armen vor Elfriede und blickt den Verkäufer strafend an: „Monsieur, Sie haben meine Gattin beleidigt. Das kann isch nischt dulden."

„Aber ich wollte doch nicht – ich habe doch gar nicht …" Der junge Mann beißt sich auf die Lippen, verlegen, weil er bei seiner Unhöflichkeit ertappt worden ist, aber noch mehr, weil er sich das Lachen verkneifen muss, das sich in seiner Kehle aufbaut und mit Macht heraus will. Dieses Bild da vor ihm ist zum Schreien!

„Tut mir leid", gluckst er. „Entschuldigen Sie bitte!" Er dreht sich schnell zu seinem Spieß um, aber nicht schnell genug. Elfie sieht seinen Mund, der krampfhaft zuckt, das Lachen in seinen Augen, und sie droht ihm mit dem Finger: „Männeken!“ Aber ihre Augen lachen auch, ein breites Grinsen zieht über ihr Gesicht, und sie schiebt Klaus-Dieter beiseite. „Is schon gut, Scherie! Und Sie da, jetzt kommen Se mal hurtig inne Pötte, bevor ich hier vor Hunger krepieren muss! Dann kipp ich nämlich einfach hier auf Ihren Boden und Sie ham dat Elend mit de Fettflecken!“

„Erbarmen, Lady! Sie kriegen von mir den besten Döner Ihres Lebens. Und zwar umsonst. Was sagen Sie jetzt?“

„Ich sage, wenn du spurst, Männeken, kann dat eine Freundschaft für't Leben werden. Nä, Klaus-Dieter? Scherie?“

Elfie nimmt immer noch ab

... oder auch nicht – eher eigentlich nicht.

Eine halbe Woche lang hat sich Elfie von Döner ernährt. Um genau zu sein – Döner mit Beilagen: Pommes rot weiß und eine halbe Baguettestange mit dick gute Butter drauf. So allmählich, meint sie, müssten ihre Kleider doch anfangen, an ihr herumzuschlottern. Nur dieses Grünzeug im hauchdünnen Brot mit so einem bissken Schlabbersoße … nä, also echt, davon wird doch kein Mensch satt. Der Körper darf nicht zu sehr und zu plötzlich auf Entzug gesetzt werden, dann reagiert er ganz, ganz heftig – heftig böse. Hat Elfie gehört. Ist genauso wie mit Rauchen aufhören. Oder plötzlich so ganz ohne Sektchen. Obwohl, der meiste Sekt, ganz ehrlich, geht bei den Scherie-his etwas andere Wege … Aber wohin und wie auch immer: Entzug ist purer Stress für den Körper. Nicht gut, gar nicht gut.

Und da Elfie sehr gesundheitsbewusst ist, führt sie ihrem Körper vorsichtshalber lieber noch ein paar zusätzliche Füllungskalorien zu. So ganz ohne geht einfach nicht.

Jeden Morgen steigt sie voller Erwartung auf ihre Waage. Aber das blöde Ding scheint kaputt zu sein. Kann ja nicht anders. Es zeigt immer noch hundertflipsundflipsig Kilos an. Unverändert. Und nun?

Elfie hockt auf dem Mäuerchen vor der Dönerbude und lässt die rosa bestrumpften Beine deprimiert baumeln. „Ach, Scherie-hi, wat mach ich denn verkehrt, hm? Jetzt hab ich mich schon fast zu Tode gehungert, aber meinste, ich hab auch nur ein Kilo verloren? – Nix. Gar nix. Die ganze Quälerei umsonst. Nich ein Stüksken Torte, kein Speckläppken, nix, gar nix, nur dröges Brot und Entenwein. Und diese ollen Döner. Die kannste auch vergessen." Elfie schleckt sich verächtlich die letzten klebrigen Reste ab, die ihr von den Fingern rinnen. „Die bringen schon mal gar nix. Scherie-hi! - Scherie-hi? – Wat is denn? Hörste mir überhaupt zu? – He, wat is denn? Wat guckste mich denn so vonne Seite an? Du wirst doch wohl nicht … hier … auf et Mäuerken vonne Dönerbude … auf … Gedanken kommen? Nä, nä, nä, also dat glaub ich ja jetzt wohl nicht! Männeken!" Und sie droht ihm schelmisch mit dem Finger. „Wart gefälligst bis zuhause."

Elfies Lachen dröhnt über den Platz. Krähen fliegen krächzend auf, und eine Katze kriecht mit eingerolltem Schwanz platt unter einen Holunderbusch. „Ach, Scherie, wat waren dat noch für schöne Zeiten, damals, als ich noch essen durfte, wat ich wollte. Alles, wat lecker war, war gut für mich. Un für dich. Ich wurde schöner und immer schöner. Für DICH, monn amuhr! Nur für dich! Und jetzt? Ich muss hungern und all dat Schöne, wat du geliebt hast an mir, is fast verschwunden. Oder? " Mit einem kräftigen Schluchzer schmeißt Elfriede sich an die tröstlich-knochige Schulter von Klaus-Dieter. „WAT SOLL ICH NUR MACHEN?"

Klaus-Dieter schwankt auf dem Mäuerchen wie ein abgeknickter Fahnenmast im Sturm. Er wirft sein komplettes Federgewicht in die Waagschale, sein Körper hängt diagonal, fast schon parallel zu den rötlichen Steinen, die immer näher auf ihn zukommen. Er hat Angst zu fallen, begraben zu werden, zu ersticken. Aber er kann nicht anders. Er liebt es. Er liebt es, unter Elfies weichen, nach Rosen duftenden Landschaften ums Überleben zu ringen. Oder um Luft. Wenigstens um Luft zum Überleben. Genießen. Aber nicht hier auf einem grünbemoosten Mäuerchen neben einer viel befahrenen Straße, zehn Meter neben einem Kindergarten, wo Mütter und Kinder gerade ein- und ausschwärmen. Das denn doch nicht. Er weiß, was sich gehört, das hat er in seiner Heimat Frankreich früh gelernt: Glaube, Sitte, Anstand, Höflichkeit gegenüber Frauen und Arm rausstrecken beim Abbiegen.

Nach gefühlt einer Stunde mit eingeschlafenen Nervenenden spannt Klaus-Dieter seine Ganzkörper-Muskulatur an und schiebt seine geliebte Frau vorsichtig Zentimeter für Zentimeter wieder hoch ins Selber-Aufrecht-Sitzen. Dann reckt er sich auf, haucht Elfriede einen zarten Kuss auf den Oberarm und sagt: „Komm, Chérie, mon amour, wir gehen. Die Quälerei mit dem Hungern ist vorbei."

„Ja?" Elfie schmeißt sich mit neuem Elan seitwärts über Klaus-Dieter und presst ihm erneut die Luft aus den Lungen. „Ehrlich, Scherie-hi? Morgen kann ich wieder Schnitzel und Pommes essen? Un mittags en Stücksken Kuchen? Un wieder Zucker innen Kaffee tun? Un … ähm … wieder selber mal so'n Schlücksken Sekt trinken? So, ich meine – die Reste, die manchmal übrigbleiben?"

„Oui, mon amour, das darfst du. Aber jetzt, komm hoch, Chérie, jetzt – gehen wir Fahrräder kaufen."

„Aber ..."

Elfie steigt aufs Rad

Fest entschlossen und voller Elan hüpft Klaus-Dieter von dem Mäuerchen, breitet die Arme weit aus und spannt seine Bauchmuskeln an: „Komm, mon amour! Packen wir es an!“ Er schwankt wild, als Elfriede in seine Arme springt, aber er hat seine Hacken fest in den Boden gerammt und hält stand. Eng umschlungen stehen beide, bis ihre klopfenden Herzen sich aneinander beruhigt haben.

„Chérie, am besten bringe ich das Auto eben nach Hause. Sind ja nur ein paar Meter. In zwei Minuten bin ich wieder da und dann gehen wir Fahrräder kaufen. Zu Fuß. Ab sofort fangen wir mit Ausgleichssport an. Radfahren, laufen, Treppen steigen. Dann kannst du auch essen, so viel du magst. Das gleicht sich dann aus und du nimmst ab, ohne zu hungern.“

„Na ja“, Elfie schiebt die Unterlippe schmollend vor. „Aber du weißt, übertreiben ist auch nicht gut. So ganz doll abnehmen will ich überhaupt nicht. Wie seh ich denn dann aus? Nachher findste mich überhaupt nicht mehr schön.“

„Mon amour, ma rose!“ Leidenschaftlich schlingt Klaus-Dieter seine Arme um Elfies Mitte, da, wo früher irgendwann vielleicht einmal so etwas wie eine Taille gewesen sein mochte. „Mon amour, das glaubst du doch wohl selber nischt! Du bist die Liebe meines Lebens! Ohne disch könnte isch nischt existieren!“

Wie immer in bewegenden Situationen bricht sein französischer Akzent durch. Das sind die Momente, die Elfie besonders liebt. Zufrieden kuschelt sie sich an seine

Brust und wiegt ihn hin und her wie ein Kind. „Aber dann will ich auch schöne Dessous haben. Wie damals die in dem blöden Kaufhaus, da wo die Rolltreppe kaputt war. Weißte noch? Die hatten doch alles nur bis in 48. Oh Mann, dat waren vielleicht scharfe Sachen. Wat meinste, wenn ich so wat anhätte? – Und du mir so wat ausziehen könntest?"

Klaus-Dieter zieht scharf die Luft zwischen die Zähne, wirft einen raschen Blick hinüber zum Kindergarten und reißt sich aus Elfies Umklammerung. „Chérie, mon amour, hör auf! Isch bringe jetzt den Wagen weg, du kannst ja schon mal langsam vorlaufen. Am besten gehen wir zu Christian am Großen Löwen und gucken mal, was es alles so gibt." Ein kleiner Kuss aufs Ohr und weg ist er.

Elfie ist zufrieden. In der Dönerbude ordert sie noch schnell eine Cola und Pommes und verabschiedet sich von dem Dönermann: „Tja, Pech, Männeken. Nu wird dat doch nix mit uns und der lebenslangen Freundschaft", lacht noch einmal dröhnend und hockt sich wieder auf das Mäuerchen. Sie wartet auf Klaus-Dieter. Wenn sie schon laufen muss, okay, aber ganz bestimmt nicht alleine. Ist sie Single? Nä. Sie ist verheiratet. Sie ist Frau Klaus-Dieter Mullfuß. Und wenn sie schon läuft, dann in Begleitung ihres Gatten.

Arm in Arm, leicht außer Atem, betreten die beiden das Fahrradgeschäft seines Vertrauens.

„Booh!" Elfie schaut sich um. Fahrräder, nix als Fahrräder. In Dreierreihen angekettet. Wohin sie auch schaut. *Dat et so wat gibt!* Kann doch gar nicht sein, dat so viele Leute Fahrrad fahren? Ist ihr eigentlich noch nie so richtig aufgefallen. „He, Sie da! Sie sind doch bestimmt der

Chef hier, oder? Also, grundsätzlich, ich verhandel nur mit dem Chef, damit dat schon mal gleich klar is."

„Chérie, ich mach das schon." Klaus-Dieter drückt nervös Elfies Arm und lächelt dem Verkäufer zu. „'Allo, Christian! Ca va? Also – wir suchen für uns beide ein Fahrrad. Nichts Schweres. Aber – gleichzeitig natürlich auch etwas Stabiles. Weißt du, wir wollen ein bisschen Fitnesstraining in der frischen Luft machen. Hetter. Eltenberg. Damm. Du weißt schon." Er streicht sich unbewusst über den Bauch. „Um fit zu bleiben."

„Also kein E-Bike, nehme ich mal an?"

„Nein, nein, wir wollen schon selber treten."

„Also, dann schauen wir mal. Auswahl ist genug da. Ein Hollandrad vielleicht? Nee? Zu schwer? Aber Alu …"

„Scherie-hi!" Elfies Stimme dröhnt wie eine Schiffsglocke. „Guck mal! Ich habbet! – Komm doch mal schnell! Ich krieg dat hier nich raus!"

„Oh nein! – Warten Sie! – Moment!" Christian stürzt auf Elfriede zu, die wie verrückt an einem Rad aus der inneren Reihe zerrt. „Das geht so nicht. – Hören Sie auf! – Nicht doch! – Lassen Sie mich das machen! – Sie machen ja alle Räder kaputt! – Klaus-Dieter! Hilf mir!"

Elfie schmollt und zieht sich beleidigt zurück. *Wat hat der denn? Sind doch nur Fahrräder!* Außerdem könnte Klaus-Dieter sich ruhig mal schützend vor seine Frau stellen. Stattdessen biedert der sich an! Bei diesem Fietse-Kerl! Is ja eklig! Woher kennt der den überhaupt? Dat wird sie sich jedenfalls merken! Oh ja!

Nachdem der Fahrradhändler wieder notdürftig Ordnung in seine Räder gebracht hat, kann er Elfriedes Wunschrad hervorholen. Elfriedes? Oder Klaus-Dieters? Etwas ratlos schaut er von Elfriede zu Klaus-Dieter.

„Das ist ein … ähm … *Tandem*!"

„*Tandem*?" Klaus-Dieters Blick hängt zärtlich an seiner Frau. „Chérie, mon amour, du bist so süß! Aber non! Das kann isch nischt zulassen, dass du dir ein Tandem zumutest. Das ist viel zu anstrengend für disch. Ein ganz normales Fahrrad ist schon schwer genug zu fahren. Und dann noch ein Tandem? Mit mir hintendran? Non, mon coeur. Non."

Einen Augenblick lang runzelt Elfriede verwirrt die Stirn, schüttelt leicht den Kopf. „Also hast du nix dagegen? – Gut, dann nehmen wir dieses Fahrrad hier. – Dat heißt, Moment, Männeken, dat Rad is ja gar nicht komplett. Wo sind denn hier die Fußstützen? Ich muss doch meine Füße irgendwo lassen?"

Gut eine Stunde später keucht ein schweißüberströmter Klaus-Dieter über die Rheinpromenade. Dicht hinter sich Elfriede mit einem dicken Eis in der Rechten, Klaus-Dieters Taille in der Linken, die Füße auf neu montierten Fußrastern.

„Bruder Jakob, Bruder Jakob, schläfst du noch? Schläfst du noch? Hörst du nicht die Glocken, hörst du nicht die Glocken … DING DANG DONG … Oh, Scherie-hi! Abnehmen ist toll!

Mac

Klaus-Dieter hat wieder eine Idee

Elfie ist keine Spur schlanker, aber dafür wieder ein Jahr älter geworden. Ihr Scherie-hi natürlich auch, aber bei ihm sieht man das nicht. Bei Elfie docken die Jahre ringförmig an wie bei Bäumen, und man könnte an den ihren locker ihr Alter nach zählen, wenn man denn dürfte. Aber dieses Recht hat natürlich einzig und allein Jean-Jacques namens Klaus-Dieter, Elfies Scherie-hi. Und der liebt jeden einzelnen dieser wundervoll duftenden, weichen Jahresringe heiß und innig.

Fast fünfundzwanzig Jahre sind sie schon verheiratet. Fast fünfundzwanzig Jahre Elfriede und Klaus-Dieter Mullfuß. Fast fünfundzwanzig pralle Jahre voller Liebe, fast fünfundzwanzig Jahre Glück pur. Na ja, fast pur.

Wenn sie ganz ehrlich ist, muss Elfie gestehen, dass sie früher, selbst in jungen Jahren, nicht wirklich damit gerechnet hat, einen so tollen Mann wie ihren Klaus-Dieter zu finden: Einen schnittigen Franzosen, der sie liebt und solch wundervolle Koseworte zu ihr sagt. Der sie auch noch anbetet, nachdem sie sich zu voller Blüte entfaltet hat. Die meisten Männer, egal, wie alt sie sind, fliegen ja aus unerfindlichen Gründen auf diese dürren, jungen Klappergestelle, die nix als blondes Stroh auf angemalten Stangen zu bieten haben. Da ist sie, Elfriede Mullfuß, doch ein ganz anderes Kaliber. „Nä, Scherie-hi? Findste doch auch oder?"

Klaus-Dieter fährt blinzelnd hoch aus den Tiefen der rosa Couch und schiebt den Katalog, den er eben noch intensiv studiert hat, rasch und unauffällig unter eines der rosa Plüschkissen.

„Wie – was ist denn, mon amour?"

Er hat gar nicht gemerkt, dass Elfie schon wieder zuhause ist. Gerade eben noch ist er auf einem dieser stolzen, weißen Schiffe durch die Karibik geschippert: Tiefblaues Meer, gleißende Sonne, Palmen, Strand, Sonnenmilch auf Elfies Haut … Klaus-Dieter schluckt trocken. Dass das aber auch so teuer ist. Merde! Er würde so gern, zur Silberhochzeit …

Allerdings kann er sich auch noch gut an das Desaster auf dem Greifswalder Bodden und an die Fahrt nach Helgoland erinnern. Elfies Abneigung gegen schwimmende Transportmittel, ihre Seekrankheit, ihre Ungeduld, endlich wieder an Land zu kommen.

Aber trotzdem ... Irgendwie ...

Klaus-Dieter zerkaut seine Unterlippe. So ganz kann er seine Sehnsucht noch nicht ad acta legen. Segelboot oder Kreuzfahrtschiff – das ist schließlich ein himmelweiter Unterschied. Und wenn man bedenkt …

„Scherie-hi, wo biste bloß mit deine Gedanken? Du hörst mir ja überhaupt nicht zu!" Mit besorgt gerunzelter Stirn kommt Elfie auf ihn zu und patscht ihre Hand auf seine Stirn. „Wat haste denn? Geht et dir nich gut? – Mein Gott, du glühst ja! Haste Fieber?"

„Chérie, nein! Mon Dieu, ja. Sischer. Irgendwie schon. Aber das hat nichts mit Fieber zu tun. Eher mit meiner – Idee."

„Idee? Wat denn für 'ne Idee?", fragt Elfie misstrauisch. Ihr Klaus-Dieter hat eigentlich nie irgendwelche Ideen. Und er ist auch nie so aufgeregt. So kennt sie ihn eigentlich gar nicht. Der ist doch sonst immer ausgeglichen, so ruhig, so … so ablesbar. Außer – na ja, damals vielleicht. Diese blöde Sache mit dem Segeln, seinem heimlichen Traum. Elfie schüttelt sich, als die Erinnerungen sie überfallen. Diese entsetzlichen Stunden im wilden Sturm, als sie fast gekentert sind. Und Klaus-Dieter sie mutterseelenallein gelassen hat unten in der Kabine mit all ihrem Elend und ihrer Angst und dieser bescheuerten Klospülung, die kein normaler Mensch bedienen kann. Er wird doch nicht wieder …

„Klaus-Dieter?“ Die Drohung in ihrer Stimme verwandelt seine Beine in Wackelpudding.

„Chérie, isch kann's dir erklären.“ Er duckt sich weg und zieht vorsichtig den bunten Katalog unter dem Kissen hervor. Mit zwei Fingerspitzen, als sei er eine scharfe Bombe, hält er ihn ihr entgegen.

„Schau mal, mon amour, ein – Kreuzfahrt.“ Das Wort *Schiff* vermeidet er vorsorglich. Ebenso vorsorglich ist er mit einem Bein schon zum Rückzug bereit. Aber Elfie steht noch immer still da. Dann streckt sie die Hand aus und nimmt ihm die tickende Bombe ab. Schweigend. Ohne einen einzigen Mucks zu sagen. Alarmstufe ROT.

Seine Beine tragen ihn nicht mehr. Klaus-Dieter steht kurz vor einem Kollaps. Wie konnte er nur? Was hat er getan? Er sinkt auf die rosige Couch und schaut ängstlich zu Elfie hoch, die wie ein Leuchtturm vor ihm aufragt. Immer noch schweigend. Das ist mehr als Klaus-Dieter ertragen kann.

„Chérie,“ fleht er. „Mon amour, bitte! Sag doch was! Komm her zu mir! Komm auf meinen Schoß! Lass uns das Ganze einfach vergessen, ja? Schmeiß den Katalog weg!“

Warum sagt sie denn nichts? Warum regt sie sich denn nicht auf?

„Elfie!“ Klaus-Dieters Stimme kippt. Er steht kurz davor zu hyperventilieren.

Da endlich zwinkert sie wie erwachend mit den Augen, schaut auf ihren zarten, blassen Ehemann in den Tiefen der pinkfarbenen Couch herunter und dann wieder auf den Katalog in ihren Händen. Und als sie sagt: „Warum eigentlich nicht?“, stürzt sein Herz Purzelbaum schlagend vom Hals in die Kniekehlen, wo es wild pochend liegenbleibt.

Elfie bückt sich, hüpft schwungvoll auf Klaus-Dieters Knie und hebt endlich die Nase aus dem Katalog. „Dat sind doch hoffentlich nich so Wackelkähne wie die Schiffschaukel damals mit de Betttücher oben am Mast. Oder? Oder, Scherie-hi?“

Scherie-hi ist noch immer sprachlos. Er versucht, die Angst, die ihm die Kehle zugedrückt hat, hinunterzuwürgen. Seine Elfie schafft es immer wieder, ihn zu überraschen. Sie ist einfach einzigartig. Befreit schlingt er beide Arme um die Hälfte ihrer Mitte und atmet zitternd die angehaltene Luft aus. „Mon amour, du bist merveilleuse! Du bist nischt böse, dass ich daran gedacht habe, dir eine Kreuzfahrt zur Silberhochzeit zu schenken? Non? Aber weißt du, wenn du nischt willst, wir können natürlich auch gerne“, eifrig versucht er sich zu konzentrieren, „wir könnten auch ganz woanders hinfahren, in die Berge vielleicht, oder ein paar Tage in ein Wellnesshotel oder vielleicht nach Berlin oder ins Sauerland.“

Aber Elfie hört gar nicht zu. Sie blättert in dem Katalog, studiert die bunten Seiten, die exotischen Namen der vielen Traumstrände. Sie blättert vor- und rückwärts, langsam färben sich ihre ohnehin schon rosigen Wangen leuchtend rot.

„Scherie-hi, guck mal, hier steht, dat man bei diese Reise eine dicke Ermäßigung kriegt, wenn man Hochzeitsjubiläum hat. Oder Geburtstag. Guck mal: 500 Euro!

Aber trotzdem, dat is immer noch viel zu teuer für uns. Oder?“

Elfie seufzt laut und dramatisch und knabbert wie zufällig an seinem Ohr: „Aber schön is die Reise! So viele Inseln. Und dat tolle Wetter! Kein Sturm und Schaukeln. Ich könnt meinen Tankini von Usedom anziehen. Wir könnten Sekt kaufen …“

„Elfie! Du bist schlimm, Chérie! Man kann doch nicht da am Strand … so wie auf Usedom … also wirklich …“

Elfie kichert übermütig: „Scherie, nu tu doch nicht so! Ich weiß doch, dat dir dat genauso gefällt wie mir. Da gibt et bestimmt genauso einsame Eckskes wie hier bei uns. Also, mit dem Gedanken könnt ich mich schon anfreunden. Drei Wochen Karibik. Und dann noch Silberhochzeit. Lass mal gucken! Dat fällt genau in die Zeit! Weißte wat? Dann kann der Kapitän uns nochmal trauen. Hab ich doch schon mal in et Fernsehen gesehen! Dann rollen se da auf dem Dampfer einen Teppich aus und streuen Blümkes und so. Und wir werden vom Kapitän gesegnet und sagen noch mal JA. Aber dann brauch ich auch ein neues, schönes Kleid und überhaupt … Scherie-hi, wat meinste, dann gibbet doch bestimmt auch Sekt oder? Den nehmen wir dann mit in unsere Kabine und feiern Hochzeitsnacht. Ach, Scherie-hi, können wir die Reise nicht machen? Guck mal“, sie hält Klaus-Dieter den Katalog dicht vor die Augen, „guck mal, so'n schönes kleines Schiff. Du schenkst mir die halbe Reise und ich dir die andere.“

Elfies leuchtende Augen sprechen eine klare Sprache. Es ist also schon abgemacht. Aber wie soll Klaus-Dieter das bezahlen? Seinen und Elfies ’geschenkten’ Anteil? Selbst wenn er die fünfhundert Euro abzieht, den Frühbucherrabatt – puh! Andererseits ist die Reise all inclusive.

„Scherie-hi?" Elfie schmiegt ihre rechte Seite in Klaus-Dieters Vorderfront. Lockend. Weich. Duftend. Verheißungsvoll. Und Klaus-Dieter vergisst zu rechnen.

Ist ja noch lange hin bis dahin.

Elfie in Frankreich

Bisher war es immer so, dass Klaus-Dieter einmal im Jahr allein einen Kurzurlaub im Land seiner Väter verbringen durfte, während Elfie einen Wellnessurlaub im Sauerland vorzog. Was sollte sie wohl in Frankreich bei Leuten, die nicht mal richtig Deutsch reden konnten beziehungsweise wollten?

Das Fiasko bei ihrer Hochzeit hat ihr für alle Zeiten gereicht. Von oben bis unten hatten *die* sie gemustert. Und das nicht gerade freundlich. Dabei war sie damals noch fast rank und schlank gewesen. Jedenfalls hatte Elfie das klar und deutlich so empfunden. Und weil sie *die* auch nicht verstehen konnte und *die* sich keine Mühe gemacht hatten, bei einer deutschen Hochzeit in Deutschland *Deutsch* zu sprechen, hatte sie hoheitsvoll den Kopf in den Nacken gelegt und sich abgewandt. Tschüßkes. Dat war et. Ein für allemal.

Aber jetzt stand Frankreich auf dem Plan. Und Elfie musste mit. Diesmal konnte sie sich nicht drücken, denn die Patentante von Klaus-Dieter war gestorben, und für *die* da war es klar, dass sie *beide* zur Beerdigung kommen würden. Das gehörte sich so. Basta. *Die* hatten sogar schon ein kleines Appartement für sie gemietet.

„Aber Scherie-hi, eins sag ich dir, wenn du mich da auch nur eine Sekunde alleine lässt mit *die* und überhaupt! Du weißt doch, dat ich so gut wie kein Französisch kann. *So'n* Französisch jedenfalls nich.“ Elfie schnuffelte dröhnend in ihr rosa Taschentuch. „Und *die*, die machen dat doch sowieso extra! Können alle Deutsch, tun aber so, als ob se kein Wort verstehen! Die verachten mich. Oder, se sind neidisch auf mich, diese Bohnenstangen. Kann auch sein. – Ach, Scherie-hi! Lass mich doch zuhause bleiben und auf die Schönheitsfarm gehen! Da verstehen se mich wenigstens."

„Mon amour, bitte! Du brauchst doch keine Angst haben. Ich bin doch immer bei dir. Niemand wird dich unfreundlich behandeln." Klaus-Dieter reckte seine schmalen Ein-Meter-Achtundsechzig drohend auf. „Sonst kriegt er es mit mir zu tun!"

„Na gut", Elfie schniefte noch einmal laut und tupfte sich die trockenen Augen: „Aber du musst mir versprechen …"

Burgund empfing Elfriede und Klaus-Dieter mit strahlender Sonne, die Verwandtschaft eher leicht bewölkt.

Drei zierliche, schlanke Schwestern, weibliche Klaus-Dieters und deren ebenso zarte Ehemänner, die alle miteinander weit hinter Elfies Gesamtvolumen zurückblieben. Deren zierliche, schlanke Kinder selbstverständlich inbegriffen. Nicht, dass auch nur irgendeiner irgendeine Bemerkung gemacht hätte! Dazu waren sie zu höflich. Aber die leicht angehobenen Brauen und ungläubigen Blicke, die zwischen ihr und Klaus-Dieter hin und her huschten, sprachen eine deutliche Sprache. Außerdem nannten sie ihn ganz akzentuiert Jean-Jacques. *Jean-Jacques, Jean-Jacques!* Das war doch reine Provokation. Elfies Unterlippe dräute immer mehr Richtung Kinn und Klaus-Dieter wurde blass. Er kannte dieses Anzeichen. Zwei Minuten noch, höchstens drei und Elfie würde explodieren.

„Komm, mon amour, komm, wir fahren jetzt erst mal zu unserem Appartement."

Raus hier, nur raus. Er zerrte an Elfie, doch die stand kampfbereit wie ein in Bronze gegossener Napoleon vor der Schlacht von Waterloo. Unverrückbar. Für Klaus-Dieter jedenfalls. „Chérie, mon amour, Liebste, komm!"

Liebste? Elfriede stutzte. Ein deutsches Kosewort? Dann musste Klaus-Dieter außer sich sein. Aber warum? *Sie* hatte allen Grund dazu, *er* doch nicht. Sie strafte jedes einzelne dieser blöden Gesichter mit einem vernichtenden Blick, dann wandte sie sich ab.

„Ja, wir gehen. Komm." Hocherhobenen Hauptes rauschte sie zur Türe.

Klaus-Dieter wartete noch einen Augenblick. Erst als er sie über die Treppe poltern hörte, flüsterte er versöhnlich: „Excusez, s'il vous plait", nahm seine kurzen Beine in die Hand und rannte eilends hinterher.

Doch Elfie war nicht mehr zu sehen. Wo um Himmels willen war sie?

Verirrt in einer fremden Stadt

„Ich hab et ja gleich gesagt, die mögen mich nicht. War ja wohl 'ne Unverschämtheit, wie die mich gemustert haben. Als wär ich en Monster. Frechheit, so wat! Oder? Wat sagst du denn? Klaus-Dieter? – Warum sagste denn nix?! Klaus-Dieter! – Klaus-Dieter?“

Abrupt bremste Elfriede ab und drehte sich um. Kein Klaus-Dieter weit und breit. Hatte sie ihn schon wieder abgehängt? Schwer atmend lehnte sie sich gegen eine Hauswand, eine große, pinkfarbene Kugel mit wogendem Obergeschoss und rosigen Löckchen, die wild vom Kopf abstanden. Elfie schloss die Augen. Eben mal verschnaufen. Klaus-Dieter musste sie ja gleich eingeholt haben, dann würde er sie küssen und alles war wieder gut. Erwartungsvoll spitzte sie die Lippen.

„He, guckt mal, ob die vom Zirkus ist?“ Kleine, wispernde Stimmen, Gekicher, Worte in einer unverständlichen Sprache. Elfie blinzelte mit einem Auge und sah sich umzingelt von einer Gruppe feixender Kinder mit Ranzen auf dem Rücken. Kinder? Wieso Kinder? Und wo um Himmels willen blieb Klaus-Dieter? Er hatte doch versprochen, sie zu beschützen und nicht allein zu lassen.

„Klaus-Die-ter! – Scher-ie-hi!“

Erschrocken drängten die Kinder auseinander und rannten laut schreiend davon.

Das konnte doch wohl nicht wahr sein! Von Klaus-Dieter keine Spur. Sie war allein. Mutterseelenallein in einer fremden Stadt, in einem fremden Land mit einer bescheuerten Sprache, die kein Mensch verstand. Jetzt fing auch Elfie an zu schreien, laut und verzweifelt. Dicke

Tränen überschwemmten ihre Augen, nahmen ihr die Sicht, bahnten sich mitsamt der Wimperntusche einen Weg durch das rosige Rouge und zauberten ihr indianische Kriegsbemalung aufs Gesicht.

Was war bloß passiert? Sie waren doch zusammen rausgegangen. Oder? War Klaus-Dieter ihr nicht unmittelbar gefolgt? Tränenblind schossen ihre Blicke von rechts nach links. Wenn Klaus-Dieter nicht in der Nähe war, konnte das nur eines bedeuten, ihm war etwas passiert.

„Scherie-hi! Monn amu-hur! Wo bist du? Halt aus, Scherie-hi! Ich komme! Ich helfe dir!“

Elfies Beine stampften wie Kolben über das Kopfsteinpflaster der malerischen Altstadt, und die Zipfel ihrer pinkfarbenen Bluse wehten lose über dem Bund des rosa Faltenrocks. „Klaus-Die-ter! Klaus-Die-ter! Sche-rie-hi! Monn Amu-hur!“

Wer auch immer ihren Weg kreuzte, machte eilends Platz. Wer legt sich schon gerne freiwillig mit einer schreienden Dampfwalze an? Es dauerte nicht lange, bis auch die Polizei aufmerksam wurde. Ein Streifenwagen hielt in sicherem Abstand. „Ich nicht“, sagte der ältere Beamte und kroch tiefer in seinen Gurt. „Die halte *ich* nicht auf. Geh du!“

„Non, wieso immer ich?“, schimpfte der Jüngere. „Komm wenigstens mit. Allein geh ich auch nicht. Auf keinen Fall!“

„Stop, Madame! Police! Arrêtez-vous!“

Elfie stoppte, aber ihr Bremsweg war zu kurz, und sie rutschte mit Karacho in die beiden Flics hinein. „Wat is? Habt ihr meinen Klaus-Dieter gefunden? Is ihm wat passiert? Nun sagt doch!“

Die beiden Polizisten krochen unter Elfriede hervor und rappelten sich mühsam hoch.

„Merde! – Was sagt die da? Ich versteh kein Wort. Du?"

„Non. Keine Ahnung. Könnte vielleicht Deutsch sein oder Schwedisch oder so. Wir nehmen sie mit zur Wache. Vielleicht verstehen die Kollegen sie ja und dann sind wir sie los."

Als die Beamten Elfie durch die Türe schoben, wurde es augenblicklich mucksmäuschenstill in der Wache.

„Tach, die Herren! Ich bin Elfriede Mullfuß und habe meinen Mann verloren. Haben Sie ihn gefunden?"

Es dauerte einen langen Augenblick, bis die Beamten rundum ihre Sprache wiederfanden.

„Ähm – Madame?"

„Jawohl. Ähm – wui. Madame. Ich – Madame. Und ich - suche - meinen - Mann." Elfie tippte sich abwechselnd auf die Brust und auf ihren Ehering. „Monn Mann, verstehen Sie? Sche-rie-hi. Klaus-Dieter Mullfuß. – Oder nä, warten Se mal, der heißt ja hier – ähm – Schonn-Schack. Schonn-Schack Mullfuß." *Mann, sind die blöd! Verstehen ihre eigene Sprache nicht!*

„Madame, parlez Francais, s'il vous plait."

„Wat?" Elfies Gesicht legte eine neue Schicht Naturrouge auf.

„Verstehen Sie uns nicht, Madame? Welche Sprache sprechen Sie? Ist das *Allemand*?"

Elfies Stirn schlug Falten. *Wie jetzt? Alle Mann? Aber et geht doch nur um meinen. Wat reden die da bloß für'n Quatsch?* Sie seufzte tief: „Noch mal ganz von vorne, ich hab ja nicht ewig Zeit, ich muss meinen Mann finden. Also ich:

Madame - Elfriede - Mullfuß. Monn Mann: Schonn-Schack Mullfuß. Monn Scherie-hi. Er - weg. Verloren. Er - fran-zö-sisch. Er - früher - hier - gewohnt. In Rüh Napoleon. Da - Familie. Sie te-le-fo-nieren. Oder – oh Gott, und wenn er jetzt wirklich einen Unfall hatte? Rufen Sie die Krankenhäuser an! Sofort! Te-le-fon."

Die drei Beamten starrten fasziniert auf die wogenden Zwillingstürme in Rosa, bis Elfies funkelnder Blick sie zurückschrecken ließ. Eilig steckten sie die Köpfe zusammen und versuchten, amtlich auszusehen. *Was hatte die jetzt gesagt? Telefon* hatten sie verstanden, auch *Familie* und *Rue Napoleon.*

„Ich hatte mal einen Freund, der da gewohnt hat", sinnierte einer der beiden Älteren. „Früher, als ich noch klein war. Der hieß Jean-Jacques, glaub ich … aber der Nachname? Keine Ahnung, ist schon so lange her."

„Gustave, hol mal das Telefonbuch."

„Jungens, nu macht ma en bissken hinne! Ich bin krank vor Sorgen um meinen Mann und ihr macht hier Rätselraten. Ihr könnt mich mal gern haben. Ich geh jetzt."

Elfie machte Anstalten, sich von ihrem Stuhl hochzustemmen. In dem Moment klappte die Außentür. Erlösung! Alle drei Polizisten sprangen auf. Doch der Ältere winkte schnell ab. „*Ich* übernehme!" Sehnsüchtig blickten die beiden anderen ihm hinterher und wandten sich innerlich seufzend wiederum Elfriede zu. „Also, Madame …"

„Bonjour Monsieur, kann ich Ihnen helfen?"

Mon Dieu, was ist das denn für eine jämmerliche Gestalt? Den könnte man glatt als Vogelscheuche aufs nächste Feld stellen, trotz seines feinen Zwirns.

Der Beamte schob dem Mann einen Stuhl in die Kniekehlen. „Asseyez-vous, Monsieur. Also?"

Langsam hob der Mann den Kopf und wischte sich die Tränen aus den Augen. „Ich heiße ..."

„Jean-Jacques? – Mon Dieu, du bist doch Jean-Jacques oder? Erkennst du mich denn nicht? Mensch, Junge, ich bin's doch! Robert, dein alter Schulfreund. Lass dich umarmen, altes Haus!"

Jean-Jacques vergaß zu weinen. In den starken Armen von Robert fühlte er sich geborgen und sicher wie sonst nur in Elfies Armen. *Mein Gott, Elfie!*

„Robert, ich bin verzweifelt, du musst mir helfen", Jean-Jacques schossen schon wieder die Tränen in die Augen. „Ich flehe dich an! Ich habe meine geliebte Frau verloren. – Wie? - Non, hier in der Stadt. Sie rennt immer so schnell. Und sie kann doch kein Wort Französisch. Wenn ihr etwas passiert! Das könnte ich mir nie verzeihen, ich hatte es ihr doch versprochen, ich muss sie finden – Robert, bitte!"

„Ich hätte da was für dich", Robert kicherte und klatschte Jean-Jacques seine breite Hand auf die Schulter. „Allerdings ist die Dame ein klein wenig fülliger als du."

Jean-Jacques riss die Augen auf und sprang vom Stuhl hoch. „Wo – wo?"

„War nur ein Witz, Kumpel." Robert drückte seinen alten Freund wieder auf den Sitz zurück. „Ein blöder Witz – tut mir leid! Die, die da nebenan sitzt, ist mit Sicherheit nicht deine Frau. Die ist ein ganz anderes Kaliber. Stell dir vor, die Kollegen haben erzählt, sie ist laut schreiend durch die Stadt gerannt! *Amour! Chérie! Amour!* Und wie die aussieht! Nee ehrlich, mon ami, *die* willst du bestimmt nicht."

Wie in Trance schob Jean-Jacques die Hand des Jugendfreundes von seiner Schulter und stand auf. *Elfie!* Er wollte schreien, jubeln, singen, doch er konnte nur zusammenhanglos flüstern. Blindlings stolperte er auf die Tür zu, fasste nach der Klinke und öffnete …

„Jean-Jacques, warte!"

„Klaus-Dieter, Scherie-hi...monn amu-hur!" Wie ein Katapult flog Elfriede durch das Büro, die Arme weit ausgebreitet, lachend und weinend zugleich und prallte ungebremst auf ihren Ehemann. „Ach, mein Liebster, monn kör! Ich hab dich wieder! Geht's dir gut? Bist du gesund?" Sie drückte Klaus-Dieters Kopf zärtlich zwischen ihre wogenden Brüste, herzte und küsste ihn, bis sein Gesicht blau anlief und er nach Luft rang.

Die Beamten gafften mit offenem Mund. Was sie sahen, grenzte schon fast an Vergewaltigung. Mussten sie den Mann nicht retten? Irgendwie eingreifen?

„Monsieur?"

„Jean-Jacques? Brauchst du Hilfe?"

„Non, non", Klaus-Dieter hob den Kopf aus den rosigen Bergen und strahlte die Männer mit glücklich verklärtem Blick an. „Das ist doch meine geliebte Elfie, ma femme, mon coeur, mon amour."

Und Elfie trompetete: „Ja, ihr Flicken, da könnt ihr mal gucken, wa? Dat is Liebe! – So, Klaus-Dieter, und jetzt gehen wir. Wo ist hier der nächste Supermarkt? Heute brauchen wir, glaub ich, zwei Flaschen Sekt." Und sie marschierten glücklich an den verdutzten Beamten vorbei. Hand in Hand.

Noch lange wehte ihr Gesang bis in die Amtsstube hinein, in der die Beamten langsam aus ihrer Trance erwachten und sich ungläubig die Augen rieben. *„Bruder Jakob, frère Jacques … dormez vous? Dormez vous? …hörst du nicht die Glocken …“*

… denn Elfie und Klaus-Dieter haben feste Gewohnheiten. Besonders, wenn sie sehr glücklich sind …

Es tropft französisch

Erschöpft und völlig entspannt dösten Elfie und Klaus-Dieter Seite an Seite auf dem Bett ihres Appartements dem Abend entgegen. *Eine* Flasche Sekt war ihrer Bestimmung zugefügt worden, die andere hatten sie selber getrunken.

Plitsch.

Klaus-Dieter versuchte zu blinzeln, aber er kriegte die Augen nicht auf: „Elfie – nicht!"

„Hmmm?" Elfie schmiegte sich schlaftrunken noch enger um Klaus-Dieter, was ihn fast aus dem Bett fallen ließ.

Plitsch.

„Elfie – hör auf!"

Aber sie murmelte nur Unverständliches, schlang einen Arm um ihren Mann und drückte ihr Gesicht fest an seins.

Plitsch. Plitsch.

Ein dicker, kalter Doppeltropfen landete diesmal auf Elfies Wange. „Scherie-hi, wat machste denn da? Lass uns doch erst mal en bissken schlafen. Dann können wir ja meinetwegen wieder ... Ihhh, wat is dat denn? Klaus-Dieter, Klaus-Dieter! Wach auf! Da stimmt wat nicht!"

Plitsch, plitsch, plitsch, plitsch ...

Klaus-Dieter konnte gar nicht so schnell wach werden, wie es auf sein Gesicht heruntertropfte.

Benommen wand er sich unter Elfie hervor und sprang aus dem Bett. Sein Blick wanderte zur Decke und zurück zu seiner Frau. „Und ich dachte schon, du ..."

„Und ich hab gedacht, du ... Aber der Sekt war ja auch schon alle."

„Egal!“ Klaus-Dieter zog sich bereits in Windeseile an. „Hol Handtücher, einen Eimer, irgendwas. Dort oben läuft die Badewanne über, oder ein Rohr ist gebrochen oder weiß der Geier was. Merde, Merde, Merde! Ausgerechnet jetzt, wo *wir* hier sind. Los, beeil dich, Chérie!“

„Aber ich weiß doch gar nicht, wo hier wat ist“, jammerte Elfriede.

„Geh suchen, ich schelle oben!“

„Du kannst mich doch nicht schon wieder allein lassen.“ In Elfie machte sich Panik breit. „Lass mich bloß nicht schon wieder allein! Scherie-hi!“ Sie klammerte sich an seinen Ärmel, zog und drängte ihn ins Zimmer zurück.

„Lass - mich - los.“ Klaus-Dieter machte sich ungeduldig frei und weg war er.

Elfriede sank aufs Bett und rang fassungslos die rosigen Hände. Schon wieder allein. Und das in Frankreich. Eben wollte sie sich schluchzend ihrem Kummer hingeben, als kalte Wassertropfen auf ihrem Gesicht sie in die Realität zurück brachten. Was hatte Klaus-Dieter gesagt? Ach ja – Eimer, Handtücher. Elfie stemmte sich hoch. In diesem Moment schellte es. Ihr stockte der Atem.

Wer konnte das sein? Vielleicht Klaus-Dieter? Nä, der hatte doch den Schlüssel mitgenommen.

Ich mach nicht auf. Ich bleib einfach ganz still hier stehen. Ich bin nicht da. Der wird schon wieder weggehen. Und wieder riss die schrille Klingel an Elfies Nerven. Sie wagte kaum zu atmen. Nur das leise *plitsch, plitsch* war in der Wohnung zu hören.

Warum kam Klaus-Dieter denn nicht zurück? Der war doch schon ewig da oben. Und warum ging der *Wer auch immer* nicht endlich weg von der Tür?

Diesmal hielt der *Wer auch immer* den Finger auf der Klingel: „Ouvrez!“

„Jaaaaaaaaaaa!“ Elfies Nerven lagen blank. Sie schoss zur Türe, riss sie auf und starrte den Fremden wild an: „Wat wollen Sie hier? Wer sind Sie? Hauen Sie ab!“

Es dauerte ganze dreißig Sekunden, bis der Mann wieder sprechen konnte. Der Anblick der spärlich bekleideten Elfie hatte ihm die Sprache geraubt.

„Madame“, er räusperte sich die Stimme frei und fixierte angestrengt einen Punkt an der Decke. „Madame, excusez-moi, mais c'est important.“ Dann prasselte ein langer Schwall französischer Worte auf Elfriede herab. Sie runzelte die Stirn und versuchte, die wilde Gestik zu interpretieren, aber sie kam nicht hinter den Sinn.

„Wat wollen Se überhaupt? Is dat wegen dat Wasser da oben?“ *Ach Mann, ich versteh nix!*

„So, jetzt hab ich aber genuch von all dat französische Gedöns. Ich will jetzt einfach, dat Se hier verschwinden.“ Elfie packte den Mann – hatte der sich überhaupt vorgestellt? – beim Kragen und drückte ihn zur Tür hinaus. „So, Männeken, tschüßkes, arrivederci Roma!“

Aber der Kerl streifte ihre Hände einfach ab und kam zurück. Er gestikulierte, lamentierte, seine Stimme wurde immer lauter. Er drängte Elfie von sich weg und schob sie vor sich her durch das kleine Appartement. Dabei fiel sein Blick auf das zerwühlte Bett mit der leeren Sektflasche und das nasse Laken. „Et ca? Qu'est-ce que c'est ca?“ Seine Augen schossen Blitze. Aber Elfie ließ sich nicht einschüchtern. Sie stemmte die Hände in die Seiten und funkelte zurück.

„Wenn Se dat da meinen, dat is Wasser. Von *oben. Da* is wat undicht, nich wir! Und Klaus-Dieter is schon nach oben gegangen deswegen. So, jetzt wissen Se Bescheid, Männeken, und jetzt verschwinden Se hier. Aber flott!

Und außerdem – wat bilden Se sich eigentlich ein? Ich bin eine ehrenwerte Frau, und Sie stehen hier an unser Bett. Frechheit! Sie Lustmolch, Sie! Wenn Se jetzt nichs umgehend verschwinden, dann schrei ich!"

Langsam wich der Fremde zurück in Richtung Tür. Er hatte das sichere Gefühl, dass die Dicke ihm nicht wohlgesonnen war. Zwar hatte er kein Wort verstanden, aber diese schrecklichen Laute, die wie Hagelkörner auf sein Trommelfell niedergeprasselt waren, machten ihm Angst. Er drehte sich auf dem Absatz um und floh.

Tschüßkes, Frankreich – oder besser – auf Nimmerwiedersehen!

„Mann, wat bin ich froh, Scherie-hi, dat wir endlich wieder zuhause sind! Ein für allemal, Frankreich is für mich gestorben. Nix für ungut, Scherie-hi, ich weiß ja, dat dat deine Heimat is und so. Aber die Mischpoke von Verwandtschaft da, die kannste doch echt inne Pfeife rauchen. Gut, dat du anders bist, Scherie."

Jean-Jacques, der in Windeseile wieder zum deutschen Klaus-Dieter geworden war, öffnete den Mund zu einem leisen Protest. Aber Elfriede schmiegte sich zärtlich an ihren zarten Ehemann und verschloss ihm die Lippen mit einem rosigen Kuss. „Findste doch auch, nä? Sonst wär dat auch nie wat geworden mit uns beiden. Dat kann ich dir laut sagen. Dann hätteste vielleicht irgend so'n mageres Klappergestell mit vorstehende Zähne heiraten müssen. Eine wie deine Schwestern. Ohne Busen. Dann hättste immer überall blaue Flecken!" Elfie wollte sich ausschütten vor Lachen.

Aber Klaus-Dieters dunkle Augen blieben umschattet.

„Schätzelein, wat is denn? Biste traurig? War doch nur ein Witz. Ich will ja deine Schwestern nich wirklich beleidigen. Nur so'n bissken. Is doch zu verstehen, nä? Die waren zu mir auch nicht gerade nett. Wenn ich nur dran denke, wie die sich aufgeführt haben, als die gehört haben, dat wir dat falsche Appartement hatten. Meine Güte, dat kann ja wohl jedem passieren, dat er den falschen Schlüssel vom Brett nimmt. Warum war der Con – Con … ähm … der Hausmeister auch nicht da, als wir angekommen sind? Selber schuld, oder? Dat meinst du doch auch, Scherie-hi oder? Un überhaupt, is dat nicht völlig egal, welches Appartement wir genommen haben? Deswegen so 'nen Aufstand zu machen! Gut, dat ich den Idiot rausgeschmissen hab. Findste doch auch, oder? Scherie-hi, sach doch auch mal wat!"

Klaus-Dieter öffnete den Mund.

Elfie war schneller.

„Dat hättste mal sehen müssen! Unverschämt war der! Ich arme Frau, ganz allein, nur notdürftigst bekleidet. Der lüsterne, alte Bock hätt mich fast auf dat Bett geschmissen. Wie der mich angestarrt hat! Wie so'n richtiger Lustmolch! Wer weiß, wat der noch alles … Aber meinste, den hätte dat tropfende Wasser auch nur ansatzweise interessiert? – Nä! Nur ich. Aber, na ja", Elfie wand sich graziös, „ich bin ja auch wirklich proper. So wat kriegt so'n Franzose auch nicht alle Tage zu sehen. Nur, wenn ich mir vorstell', du wärst nicht in letzter Sekunde gekommen und hättest mich gerettet! Ach, Klaus-Dieter, mein Scherie-hi, monn kör, mein Lebensretter!" Elfies Wangen glühten wie Abendrot in den Bergen und färbten einen leichten Abglanz auf Klaus-Dieters London-foggy-day-Gesicht. Ihm war nicht nach Lachen und nach Scherzen schon mal gar nicht. Zu viel war in diesen wenigen Tagen in seiner geliebten Heimat Burgund geschehen. Er hatte so gehofft, dass Elfie und seine französische Familie sich diesmal besser verstehen würden. Aber alles war schief gelaufen. Von Anfang an. Gut, dass seine Leute Elfies Dialekt nicht richtig verstehen konnten. Sonst wäre alles noch viel schlimmer geworden. So hatte er wenigstens noch einiges gerade biegen können.

„Scherie-hi! Und weißte noch da auf de Polizei? Wie die Flicken – wie? Nich Flicken? – Flics? Na gut, meinetwegen Flics – obwohl – ich find Flicken passender, wie die dumm geguckt haben? Wie bescheuert die ausgesehen haben mit ihrem offenen Mund? Und besonders der eine von denen mit de faulen Zähne?“ Elfies Körper bebte vor Lachen wie ein Wackelpudding, den man an tippt.

Mon Dieu! Die Schande auf der Polizeistation und vorher. Klaus-Dieter schlug bei der Erinnerung an diesen Nachmittag verzweifelt die Hände vors Gesicht. Inzwischen waren sie bestimmt zum Gespött der ganzen Kleinstadt geworden. Das würden seine Schwestern ihm niemals verzeihen. Sie würden sich für ihn in Grund und Boden schämen.

Aber das Non Plus Ultra war die Beerdigung gewesen. Klaus-Dieter schluckte heftig. Elfie hatte sich extra ein neues Kostüm gekauft und sich beim Friseur die Wipplöckchen frisch rosa einfärben lassen. Sie liebte doch alles Rosige so sehr. Als aber seine Familie diese wogende Kombination aus pink, zartrosa und frischrosa an seiner Seite auf sich zukommen sah, war alles aus. Klaus-Dieter presste die Augen fest zusammen: Keine Erinnerungen! Auslöschen! Weg – vergessen für immer. Nie mehr wollte er an diese Szenen denken. Er packte ganz Frankreich in eine tiefe Gehirnschublade, zog einen imaginären Schlüssel hervor, schloss ab und warf ihn ganz weit weg.

Dann atmete er zweimal tief durch, dehnte seine Brust, sah Elfie endlich ins Gesicht, zog sie fest in seine Arme und presste sein Gesicht mitten in den Rosenduft: „Haben wir Sekt im Haus, Chérie?“

Schnee-Massen

Elfriede Mullfuß hasst Winter. Jedenfalls den nasskalten am unteren Niederrhein. Einen anderen kennt sie auch nicht. Will sie auch nicht kennen. Frost, Schneematsch, Glatteis, abgestorbene Hände und Füße, rote Triefnase – nä! Elfie schüttelt sich schon, wenn sie nur an Winter denkt.

Anders Klaus-Dieter, der nach knapp fünfundzwanzig Jahren Ehe mit Elfriede fast schon vergessen hat, dass er eigentlich Jean-Jacques heißt. Und Schnee liebt, Abfahrten in strahlender Bergsonne, Rodeln, Langlauf durch unberührte, weiße Zauberwelten. Ach, war das herrlich damals. Damals, als er noch jung war. Und Franzose. Ach, einmal noch! Nur noch ein einziges Mal! Wenn er doch seine geliebte Elfie davon überzeugen könnte, wie unbeschreiblich schön das ist. Er weiß ganz sicher, dass es ihr gefallen würde. Nur – wie kann er ihr das klar machen?

Er hatte die Hoffnung schon fast aufgegeben, als das Wunder geschieht.

Es liegt im Briefkasten.

Gewonnen! Sie haben gewonnen!

Mit zitternden Fingern und beschlagenen Brillengläsern überfliegt Klaus-Dieter das Schreiben der Rätselgemeinschaft … eine Woche … zwei Personen …Vier-Sterne-Hotel … Schweiz … all inclusive. Klaus-Dieter presst beide Hände auf sein wild klopfendes Herz. Es droht, seine Brust zu sprengen. „Elfie! Chérie! Komm 'er, das musst du sehen!“ Wie immer, wenn er sich aufregt, bricht sein alter Akzent durch. „Wir 'aben einen Traumurlaub gewonnen! In den Alpen! In einem Vier-Sterne-'otel. Oh, mon Dieu! Je ne peux pas le croire! – Elfie! Mon coeur, wir fahren in die Alpen! In den Schnee! Skilaufen! Isch kann's noch gar nischt glauben! Elfie!"

Elfies Unterlippe schiebt sich übers Kinn. Alpen? Berge? Schnee? Und dann noch Sport?

Aber sie schweigt. Auch, wenn es ihr sehr schwer fällt: Diese Freude kann sie ihm nicht nehmen.

Zum ersten Mal in ihrem Leben sieht Elfriede Mullfuß die Berge. Richtig hohe, schneebedeckte Berge, glitzernd in der Sonne am leuchtend blauen Himmel. Boah, Elfie staunt Bauklötze. Dagegen ist der Eltenberg mit seinen paar Metern ein regelrechter Maulwurfshügel. Den könnte man hier glatt in einer Schneewehe verstecken. Und schöne Häuser haben die hier, ganz anders als zuhause. Urig, mit viel Holz und ganz viel Schnee auf den tiefgezogenen Dächern. Sie ducken sich darunter wie Klaus-Dieter damals auf der Segelyacht in die Kapuze an seinem Friesennerz.

Irgendwie, irgendwo macht sich in ihr langsam eine gewisse Vorfreude breit. Dieser weiße Pulverschnee hat etwas Verlockendes, das sie magisch anzieht. Er hat so gar keine Ähnlichkeit mit dem dreckigen Matsch, der zuhause als Schnee gilt. Und kalt ist es eigentlich auch nicht. Und wenn sie sich vorstellt, wie sie in ihrem neuen Schnee-Outfit über die Pisten fegt, dann …

Mit Riesenschritten stiefelt Elfie auf das Hotel zu. Klaus-Dieter, schwankend unter dem schweren Gepäck, läuft vorsichtig hinter ihr her, gebückt, aber glücklich lächelnd.

„Tach, ich bin Elfriede Mullfuß mit mein Mann Klaus-Dieter. Wir haben dat Preisrätsel gewonnen mit der Luxussuite."

Der Rezeptionist blinzelt kurz, schluckt, dann setzt er rasch sein professionelles Lächeln auf und fragt: „Madame?"

„Och nä, da hasset schon wieder! *Madame.* Ich habbet doch gewusst! – Sind wir hier in Frankreich oder wat? – Also, Männeken, jetzt hören Se mal gut zu: Ich-bin-Elfrie-de …"

„Chérie! Warte! Warte doch … puh …" Schnaufend und keuchend stolpert Klaus-Dieter in die Hotelhalle, lässt das Gepäck vor der Rezeption auf den Boden plumpsen und wischt sich die Stirn mit einem blütenweißen Taschentuch, „Chérie, lass mich erst mal zu Atem kommen …"

„Bonjour, Monsieur!" Er lächelt entschuldigend. „Wir sind Madame und Monsieur Moulfousse."

„Ah! Bienvenu, Madame, Monsieur Moulfousse! Sie 'aben die Suite 526."

„Klaus-Dieter!" Elfies Stimme schrillt durch das Foyer und löst ein eifriges Köpfewenden aus. „Pass auf, der Jung da haut grade mit unserem Gepäck ab! HALT, STOPP!" Gleichzeitig knallt sie dem schmächtigen Burschen ihr rechtes Bein vor die Füße.

„Chérie, Chérie!" Klaus-Dieter zerrt an Elfie zurück. „Das ist doch der Hausboy, der unser Gepäck aufs Zimmer bringt."

„Ach so", mault Elfie. „Kannste mir mal sagen, woher *ich* dat wissen soll? – Na. dann steh mal wieder auf, Jung."

Zum ersten Mal in ihrem Leben steht Elfriede Mullfuß

auf Skiern – eine gewaltige Kugel im überdimensionalen, hellblauen Anzug mit pinkfarbenen Applikationen, die sie eigenhändig in stundenlanger Kleinarbeit aufgenäht hat. Sie ist sauer. Verdammt sauer. Musste sie doch tatsächlichs mutterseelenallein auf diesen blöden Sessellift! Zu schwer? Zu breit? Ha! So ein bescheuerter Quatsch! Als wenn dat Ding zusammengebrochen wär, wenn sie Klaus-Dieter noch auf den Schoß genommen hätte! Und dann musste sie oben auch noch ganz allein abspringen. Wie sollte sie dat denn wissen? Is sie von hier? Is sie ein Ski-Profi? Nein, sie ist Elfriede Mullfuß vom untersten Niederrhein. Gezogen haben sie an ihr, gezerrt, mehrsprachig geschrien: Spring! Rapidement! *Blöde Kuh*, hat sie auch inmitten eines langen französischen Fluchs gehört.

Wenn nur Klaus-Dieter endlich da wäre. Er hat sie zu diesem blöden Anfängerkurs angemeldet. Als ob sie dat nötig hätte. Ist doch ganz einfach. Hat sie doch gesehen. Man muss nur das Gleichgewicht halten, schön geschmeidig in der Hüfte sein und das ist sie, weiß Gott, hihihi, und dann – ab geht die Luzie!

Elfie schwankt volumenmäßig leicht nach vorn. Verdöllt, is doch ganz schön schwer, auf diesen Dingern zu stehen. Der Skilehrer – na, wenigstens der spricht Deutsch – unterbricht seinen Einführungsvortrag und schaut besorgt zu Elfie hinüber. Hochmütig erwidert sie seinen Blick. *Ich werd's dir schon noch zeigen, Männeken. Wenn Klaus-Dieter erst mal hier ist und ich mit ihm elegant davonsause …*

Ungeduldig rammt sie die Stöcke in den Schnee und beugt sich leicht vor, um den Abhang hinunterzuspähen. Na, endlich! Da kommt der Lift!

„So, nun stellen wir uns alle schön hintereinander auf. Stützt euch auf eure Stöcke, damit ihr nicht aus Versehen vorzeitig – HALT! – HALT! – Das kann doch wohl nicht wahr sein!“ Fassungslos starrt der Skilehrer sekundenlang der wirbelnden Masse hinterher, die blau-pink den weißen Schnee durchpflügt. Dann fliegen Stöcke, Skier wirbeln durch die Luft, Schreie gellen, die Riesenkugel schießt mit wachsender Geschwindigkeit den Hügel hinunter – ungebremst, unkontrolliert, eine schneepanierte Leuchtkugel, die alles niederwalzt, was ihr in den Weg kommt.

„Elfie! Chérie-hi!“ Klaus-Dieter ist vom Lift gesprungen und rast auf seinen Brettern hinter dem Skilehrer her, der vergeblich versucht, die kreischende Lawine zu stoppen. Er schreit: „Halt an! Hilfe! Au secour! – Oh, mon Dieu, ma femme, ma pauvre femme!“

Rechts und links spritzen die Menschen auf dem Hügel auseinander. Wer nicht rechtzeitig reagiert, wird gnadenlos umgerissen.

„HILFE! Scherie-hiiiiiii! HILFE!“ Elfies Hilfeschreie werden von den Schneemassen verschluckt. Aber Klaus-Dieter hört sie trotzdem. Er spürt sie. Fühlt sie. Die Angst seiner geliebten Frau ist seine Angst. Ein Zustand, der ihm die Kehle zuschnürt. Adrenalin, das ihm überirdische Kräfte verleiht. Wie ein Blitz schießt er über die Piste, holt auf, überholt den Skilehrer, ist neben der Lawine aus Schnee, Menschen und Brettern, die sich um seine Elfie gewickelt haben. Mit einem Urschrei stürzt er sich in das wirbelnde Knäuel, wirft für den Bruchteil einer Sekunde einen Blick in die weit aufgerissenen Augen seiner Frau hinter der verrutschten Skibrille. „Ich bin bei dir!“, schreit er, hechtet mit einem gewaltigen Satz seitlich nach vorn, schmeißt sich als Bremsklotz vor die Lawine und drängt sie ab in eine dick aufgetürmte Schneewehe am Rand der Piste.

„Monn amu-hur! – Schätzelein! – Scherie-hi! – Monn kör!“ Langsam schlägt Klaus-Dieter die Augen auf, sieht in Elfies angsterfüllte Augen und schnappt nach Luft. Gute hundertflipsundflipsig Kilo schneebedecktes Lebendgewicht hocken auf seiner Brust, klatschen in sein Gesicht und drücken seine Lungen zusammen.

„Erbarmen, Chérie! Ich ersticke!“

„Du lebst!“ Elfie springt auf und in die Luft. „Mein Retter! Mein Scherie-hiiiiiiii! Wenn du nicht gewesen wärst, hätten mich all die Menschen da umgebracht! Die ham sich alle vor mich geschmissen. Dat wär mein Tod gewesen. Bestimmt! Ach, mein Scherie-hiiiiiiii!“

„Elfie, mon coeur, Erbarmen! Ist dir auch nichts passiert? Und all den anderen, die … ähm … an dem Unfall … ähm … beteiligt waren?“ Ängstlich schaut Klaus-Dieter sich um.

„Ach wat, nix passiert, die können alle noch fluchen. Und wie die fluchen! Dat hättste mal hören müssen! Die tun so, als hätte *ich* Schuld, dat die alle mitten in meine Abfahrt reingelaufen sind. Aber weißte wat, Scherie-hi, ich glaub, morgen probieren wir lieber mal dat Schlittenfahren.“

„Aber nicht hier.“ Der Skilehrer arbeitet in Hörweite an der Knöchelverletzung eines jungen Mannes. „Ich kann euch da einen wunderbaren, kleinen Hügel empfehlen, super geeignet fürs Rodeln, kaum eine Stunde von hier. Da seid ihr beiden Turteltäubchen ganz für euch allein!“

„Oh, Scherie-hi, dat klingt gut! Weißte wat, dann könnten wir doch eine Flasche Sekt …“

„Elfie!“

„Kein Alkohol auf der Piste. Alkohol nur hinterher!“

„Ach, Männeken, du hast doch keine Ahnung."

„Elfie, bitte!"

„Scherie-hi! – *Bruder Jakob, Bruder Jakob ...*"

„Mama!", plärrt es hinter ihnen. „Die böse, dicke Frau da hat uns den ganzen Schnee kaputt gemacht!"

„Scherie-hi, weißte, manchmal denk ich so, et is doch schade, dat wir keine Kinder gekriegt haben. Die wären bestimmt bildschön geworden. Mit en Mädchen hätt ich dann immer im Partnerlook gehen können, ganz in Rosa, Ton in Ton. Ich hätt ihr Zöpfkes geflochten mit rosa Schleifkes drin – ach ja, hat wohl nicht sollen sein. Die wären jetzt auch schon erwachsen und wer weiß, vielleicht wären wir ja auch schon Oma und Opa – ach ja …"

Klaus-Dieter blinzelt erschrocken und wischt über die beschlagenen Brillengläser. „Aber Chérie, Liebste, was willst du? Eigentlich hast du doch in all den Jahren Kinder nie vermisst. Wir beide waren uns doch immer genug. Nur du und isch. Warst du denn nischt glücklisch all die Zeit? Mon coeur, was soll isch tun, damit du wieder fröhlisch bist?"

Wie immer in bewegenden Situationen bricht Klaus-Dieters französischer Akzent durch. Er ist ein verlässliches, akustisches Stimmungsbarometer, das leicht abzulesen ist. Jetzt ist er bestürzt, besorgt, aber nicht allzu sehr. „Komm, Chérie, komm her, du Süße. Bald haben wir Silberhochzeit, die feiern wir ganz groß auf einem weißen Traumschiff mitten in der Karibik. Du und isch." Und er schaukelt Elfies rechte Seite sanft hin und her. So nach und nach gehen die traurigen Klagen schließlich über in wohliges Seufzen. Klaus-Dieters Streicheleinheiten wirken immer noch hypnotisierend, beruhigend, besänftigend, stärkend, aufbauend – je nachdem.

Es dauert nicht lange und Elfie setzt sich aufrecht, wischt sich über die Augen und trompetet in ihr Taschentuch. „Du bist und bleibst doch der Allerbeste, mein

Scherie-hi. Weißte wat, ich mach dir heute einen ganz, ganz gemütlichen Abend. Ich hab inne Zeitung gesehen, dat heute Fußball läuft in't Fernsehen. Dat guckste doch so gerne. Weißte noch, Scherie-hi, damals, der wunderbare Abend, als wir zusammen geguckt haben? Wie toll dat war? Du und ich und Fußball! Und jetzt mach ich noch schnell ebkes en leckeren Kartoffelsalat, du kriegst en kaltes Bierken und ich trink vielleicht en Gläsken Wein, knabbre ein paar Chips …"

Elfie tiriliert in höchsten Tönen. Dabei entgeht ihr völlig der beginnende Zusammenbruch ihres Gemahls. Klaus-Dieters Gesicht hat bereits die Farbe von Fliesenkleber angenommen. Es scheint fast nur noch aus kaputten Puzzleteilen zu bestehen, die langsam in sich zusammenfallen.

„Elfie, bitte, non! Non! Non! Non!" Verzweifelt ringt er die Hände und windet sich. „Isch gehe heute Abend zu einem Kollegen. Er hat misch eingeladen, bei ihm Fußball zu gucken. Er weiß doch, wie sehr isch – und du – ehrlisch, Chérie, sei mir nischt böse, aber isch kann nischt mit dir zusammen Fußball gucken."

Elfies Augen runden sich wie Pfannenuntersetzer. „Wat sachste denn jetzt, Scherie-hi? Dat war doch so toll damals! Ich hätt ja nie gedacht, dat mir dat so'n Spaß macht. Und du hast doch auch Spaß gehabt, Scherie-hi, oder nich? Nä? – Wie? Haste nich? – Jetzt bin ich aber platt." Elfie schiebt die Unterlippe vor und wendet sich betont gekränkt ab. „Männer! Da reißt man sich die Beine aus, um ihnen wat Gutes zu tun, stellt sich selber bescheiden hinten an, und dann … na ja. Geh nur, wenn de meinst, dat dat da schöner is bei deinem Kollegen. Aber dann krieg ich en Hund, dat sag ich dir, Männeken! Ich hab keine Lust, immer abends allein hier zu sitzen."

Auf den Hund gekommen

Elfie machte Ernst. Wenn schon keine Kinder zum Knuddeln, kein Mann, wenn Fußball läuft, dann aber wenigstens einen Hund, der bei ihr auf der Couch sitzt. Nicht mault und nicht meckert. Einfach nur lieb da sitzt und ihr Geborgenheit schenkt. Und Liebe natürlich.

„Aber wenn wir unsere Kreuzfahrt machen? Was dann? Wo soll der Hund denn dann hin? Überleg' doch mal, Chérie. Das ist doch unverantwortlich einem Tier gegenüber. Dann hat es sich gerade eingewöhnt und uns kennengelernt und dann muss es ins Tierheim für drei Wochen? Willst du das? Non, Chérie, non, das geht nicht."

„Ich will aber!"

„Non." Klaus-Dieter reckte sich zu ganzer Größe auf. „Non, Chérie. Ich habe nichts gegen einen Hund. Aber nicht – ähm – *vor* unserer Kreuzfahrt." Leicht abgelenkt von den rosig-duftenden Zwillingstürmen direkt vor seinen Augen versuchte Klaus-Dieter, sich zu konzentrieren. „Hund – ja. Aber jetzt – non."

Elfie blickte ihn mehrere Augenblicke reglos an, dann drehte sie sich um, nahm den Autoschlüssel und ging hocherhobenen Hauptes zur Türe. Ohne Eile. *Er würde sie doch wohl nicht allein fahren lassen? Er wusste doch, wie sie das Autofahren hasste …*

Schritt für Schritt – langsam und immer langsamer – steuerte Elfie auf die Garage zu, zog das Tor hoch und blickte vorsichtig über die Schulter zurück zur Haustür. *Er würde doch nicht wirklich zuhause sitzen bleiben und seinen Willen durchsetzen? So kurz vor der Silberhochzeit noch aufmüpfig werden?*

Offensichtlich wohl!

Dann eben nicht! Elfie stampfte wütend auf. *Dann fahr ich eben alleine. Basta.*

Sacht ging der alte, achsverstärkte Volvo in die Knie, als Elfie ihre Massen in den Fahrersitz versenkte. Schlüssel rein, Sitz zurück, Kupplung … oder war es erst Gas? *Klaus-Die-ter!*

Nach drei Versuchen und nur *einem* kurzen Crash gegen das Tandem vorn an der Garagenwand schoss der Volvo rückwärts über die Ausfahrt auf die Straße. Jetzt war das Schwerste überstanden. Jetzt konnte sie immer vorwärts fahren, ja, sie war sich sogar ziemlich sicher, dass sie auf einer Vorfahrtstraße fuhr. Und falls nicht – dann würde ihre Hupe das schon klären. Das hatte sie in Frankreich gesehen und gelernt. Der Stärkere hat recht.

Am Zoofachgeschäft bremste Elfie scharf ab und ließ den Volvo am Straßenrand mitten in der Ausfahrt stehen.

„Tach. Ich bin Elfriede Mullfuß, und ich brauch einen Hundekorb."

„Gerne. Wie groß soll er denn sein?"

Elfie überlegte, dann beschrieb sie mit den Händen einen großen Halbkreis vor ihrem Bauch.

„Na, so in etwa."

„Hat Ihr Mann Sie aus dem Bett geschmissen?" Der Verkäufer feixte beifallheischend seine Kollegin an, aber nach einem Seitenblick auf Elfies düster zusammengezogene Brauen beeilte er sich, seinen Fauxpas wieder gutzumachen. „Entschuldigung Madame, ein 'running gag'. Ein Insider-Witz sozusagen."

Aber Elfies Augen funkelten ihn weiterhin an. Mit Fremdsprachen hatte sie nichts am Hut. Sie verstand nur, dass dieser Zampano sie verarschen wollte.

„Also, Männeken, jetzt werden Se mal nicht unverschämt, nä? Ham Se jetzt so einen Korb oder müssen Se den erst basteln? Ich kann auch gerne woanders hingehen."

„Entschuldigen Sie vielmals, Madame." Der Verkäufer dienerte rückwärts und kam flugs mit einem riesigen Hundekorb zurück. „Ist der genehm?"

„Na ja, gut. Der passt. Und hören Se gefälligst mit die Madame auf. Wir sind ja hier nicht in Frankreich, nä? – Und dann brauch ich noch einen großen Hund, eine Leine und Futter."

„Einen großen Hund? Aber wir haben doch hier keine Hunde oder andere Tiere, Ma … ähm … gnädige Frau. Wir sind ein Zoofachgeschäft! Wir führen sozusagen Accessoires für Haustiere und natürlich Kleintiere wie Mäuse, Vögel oder weiße Ratten zum Beispiel. Aber ich kann Ihnen gern eine große Auswahl an Hundeleinen und Futter zeigen."

„Und wo krieg ich Hunde?"

„Kommt ganz darauf an, was Sie sich vorgestellt haben, gnädige Frau. Entweder beim Züchter, wenn Sie was Reinrassiges wollen, im Tierheim, auf dem Bauernhof oder über Inserate oder …"

„Ja, ja, schon gut. Packen Se mir dat ganze Zeug mal ein. Ich werd schon einen passenden Hund dafür finden."

Klaus-Dieter hatte offenbar schon an der Haustüre auf Elfie gewartet, denn sobald sie um die Ecke gebogen war und den Volvo mit quietschenden Bremsen zum Stehen gebracht hatte, rannte er auf sie zu. Freudestrahlend. Glücklich.

Elfie stutzte, immer noch leicht vergrällt. „Wat is? Ham wir im Lotto gewonnen oder wat?"

„Non, Chérie, non. Aber isch habe die Lösung gefunden. Glaub ich jedenfalls. Isch habe ein bisschen gesucht im Netz, während du weg warst. Und weißt du, was ich gefunden habe?"

„Wat denn? Wo denn? Einen Hund? Bei Ebay Kleinanzeigen? Oder Amazon? Wat denn für einen? Ich hab nämlich schon einen ziemlich großen Korb gekauft. Also komm mir bloß nich mit so einem Handtaschenhund, den man tragen muss. Ich will einen richtigen Hund mit eigene Beine."

Klaus-Dieter lachte und tätschelte beruhigend Elfies Unterarme. „Kriegst du auch, mon coeur. Du kannst ihn dir sogar aussuchen. Um drei Uhr haben wir einen Termin. Und mehr verrat isch jetzt nischt." Er zwinkerte vergnügt, und die dicken Brillengläser beschlugen vor lauter Vorfreude. „Nur soviel – du wirst Tante, Chérie."

„Jetzt versteh ich gar nix mehr. Aber ich glaub, et wird Zeit, dat du Urlaub kriegst."

Klaus-Dieter ließ den Volvo sacht vor dem Tor zu einem großen, umzäunten Areal ausrollen.

„Wir sind da, Chérie, komm."

Elfie blieb mit verkniffenem Blick sitzen, bis Klaus-Dieter um den Wagen herumgelaufen war und ihr die Tür öffnete. Er schob, zog und drückte sanft die weichen, rosigen Massen vor und seitwärts, bis er Elfie aus dem Auto ziehen und auf den Boden stellen konnte. Natürlich war sie in der Lage, selbst auszusteigen, aber Klaus-Dieter sah es als Kavalierspflicht an, seiner Gattin jederzeit behilflich zu sein. So hatte er es früher in Frankreich gelernt und so sollte es bleiben. Außerdem liebte er es einfach, sie anzufassen.

Während Klaus-Dieter noch verträumt ihrem Rosenduft nachschnupperte, hatte Elfriede bereits das Büro ausfindig gemacht, sich lauthals nach dem Manager erkundigt und ihn offensichtlich auch schon am Wickel: „Tach! Ich bin Elfriede Mullfuß und soll hier einen Termin haben."

Der Ärmste war auch nur ein Mann und verschluckte sich prompt beim Anblick der wogenden Zwillingstürme, die synchron im Rhythmus von Elfies rudernden Armen die rosa Bluse zu sprengen drohten. Scheinbar taub und wie gebannt starrte er mit trockenem Mund, bis ein kräftiger Klaps auf den Arm ihn in die Realität zurückholte.

„He, Sie Lüstling, Sie! Nu kommen Se mal wieder runter, ja? Gleich kommt mein Scherie-hi und wenn der dat mitkriegt, wie *Sie* mich hier mit ihre Blicke auffressen, dann können Se sich aber warm anziehen!"

In dem Moment tauchte Klaus-Dieter auf, noch leicht keuchend von dem geleisteten Kavaliersdienst und wischte sich mit einem blütenweißen Taschentuch die Stirn. Ein Blick in Elfies Gesicht reichte. Beschützend stellte er sich vor seine Frau und fixierte den Manager mit frostigem Blick: „Monsieur, wir haben telefoniert. Isch bin Jean-Jacques Moulfousse. Und das hier ist meine Gattin. Wir möchten uns die Hunde ansehen."

Beruhigend nahm er Elfies Hand und streichelte sie, während beide dem Mann zu den Tieren folgten. „Weißt du, Chérie, hier wohnen Pensionshunde. Waisen, die ihr Zuhause hier gefunden haben. Aber die Betreuer suchen Paten – Menschen, die diese Hunde mit zu sich nach Hause nehmen, mit ihnen spazieren gehen; Menschen, die ihnen individuelle Liebe geben. – Chérie, das ist der optimale Einstieg für dich – uns, meine ich. Wir können langsam lernen, mit einem Hund umzugehen und später, wenn wir zurück sind von unserer Kreuzfahrt, dann können wir, wenn du noch willst, den Hund ganz zu uns nehmen. – Na, was sagst du, mon coeur?"

Elfies Blicke schweiften bereits suchend umher, ein glückliches Lächeln stahl sich in ihre Augen, dann blieb sie stehen, schlang die Arme um Klaus-Dieter und drückte ihm einen zärtlichen Kuss auf die Lippen: „Monn kör, Scherie-hi, du bist monn amu-hur. Und jetzt gucken wir mal."

Es dauerte keine fünf Minuten und Elfie hatte ihren Hund gefunden – einen stattlichen Bernhardiner-Mischling mit treuen Augen und Elfie in Form und Gestalt nicht unähnlich.

„Der da. Dat isser. Wie heißt der? Ist dat ein Mädchen oder ein Junge?"

„Das ist Bonnie, eine dreijährige Hündin. Sehr kinderlieb und ruhig. Wachsam. Auch sehr sozialverträglich. Sie hatte bisher noch keinen Paten, ist erst seit kurzem bei uns. Für viele ist sie halt ein wenig zu groß. Wenn man zum Beispiel nur eine Etagenwohnung hat …" Fragender Blick des Managers.

„Wir haben Platz." Elfie wischte alles beiseite und die Zwillinge in ihrer Bluse gerieten wieder ins Rollen. Klaus-Dieters Blick dübelte die Augen des Managers fest in ihre Höhlen: *Lass es!*

„Wollen wir es mit ihr versuchen, Chérie? Nur erst mal mitnehmen und eine Runde am Rhein spazieren gehen? Damit wir uns ein bisschen kennenlernen können. Ist schon eine Verantwortung mit so einem Riesen. Also, ich weiß ja nicht, wer der Stärkere ist, wenn das Tier mal an der Leine zieht und weg will."

„Hihihi, ich stell mir dat gerade so richtig vor: Du

fliegst waagerecht an der Leine durch die Luft hinter Rudi her. Dat wird ein Spaß!“

„Ähm – Rudi? Wer ist denn Rudi? Ich denke, Sie wollen es mit Bonnie probieren?“ Die Blicke des Managers huschten verwirrt zwischen Elfie und Klaus-Dieter hin und her. „Jetzt versteh ich gar nichts mehr.“

Klaus-Dieters Mundwinkel zuckten belustigt: „Also wirklich, Chérie! Du kannst doch den Hund nicht einfach umtaufen. Bei mir damals – na ja … aber das hier ist eine Hündin. *Weiblich.* Du kannst sie unmöglich Rudi nennen.“

Elfie schmollte. „Aber ich wollte so gerne einen starken Rüden.“

Dann kam ihr eine Idee: „Ham Se die nicht auch in männlich? – Nä? – Vielleicht in ein paar Wochen?“

Klaus-Dieter zog Elfie einen Schritt beiseite und flüsterte in das rosa Löckchengespinst, das Elfies Ohr bedeckte: „Chérie, du kannst keinen Hund bestellen wie im Katalog. Und backen lassen können wir uns auch keinen.“ Seine Stimme wurde immer lauter und französischer. „Entweder suchst du dir jetzt unter all diesen 'unden einen aus, oder wir lassen die Sache und fahren nach 'ause. Dann ist das Thema 'und für misch aber auch durch. Basta! Et cèst tout!“

„Huch!“ Die rosa Löckchen wippten begeistert, als Elfie die Augen aufriss und ihren Gatten anstarrte. „Klaus-Dieter! Scherie-hi! So kenn ich dich ja gar nicht.“ Wie eine große Schmusekatze schob sie sich näher, schnurrte und schlang zärtlich eine Hand um seine Taille „Monn amu-hur! Mein großer, starker Ma - hannn!“

„Ähm“, der Manager räusperte sich mehrmals und schluckte trocken. Er wusste nicht, wohin mit seinen

Blicken, die immer wieder wie magisch von dem tanzenden Inhalt der rosa Bluse angezogen wurden. Seine Fantasie schlug Purzelbäume und der Schweiß brach ihm aus. „Ähm … ähm …“

Klaus-Dieter schaute kurz auf: „Bien. Wir nehmen diesen hier. Rudi.“

„Ja, packen Sie ihn schon mal ein. Wir müssen los.“

Und so kam die Bernhardiner-Mischlingshündin Bonnie nicht nur zu ihren Paten Elfriede und Klaus-Dieter Mullfuß, sondern auch noch zu einem neuen Namen. *Rudi Mullfuß.*

Mac

Pläne schmieden

Die Silberhochzeit rückte langsam näher und damit auch die gebuchte Kreuzfahrt: Inselhopping in der Karibik.

Nachdem Elfie sich erst mal mit dem Gedanken an Schiff und Wasser angefreundet hatte, konnte sie gar nicht genug davon kriegen. Tagelang war sie mit dem Katalog unterm Arm herumgelaufen, hatte jedem, der nicht schnell genug ausweichen konnte, die Reisebeschreibung mit den bunten Bildern vors Gesicht gehalten und ihnen etwas vorgeschwärmt. Und nachdem eine Nachbarin ihr auch noch von der Fernsehsendung „*Verrückt nach Meer*" erzählt hatte, war es ganz aus. Elfie mutierte vom hundertprozentigen Wassermuffel zur Top-Kreuzfahrt-Expertin. Sie zählte schon die Tage bis zum Start.

„Aber Klaus-Dieter, ich muss noch wat Besonderes zum Anziehen haben. Weißte doch. Für die Hochzeitsfeier. Un dat Käptens-Dinner. Un überhaupt. Un mit nur *einem* Tankini komm ich auch nicht aus. Ach, und, und … schade, dat wir unseren Rudi nicht mitnehmen können. Ich darf gar nicht dran denken, dat wir uns dann so lange nich sehen. Dat kann der arme Hund doch gar nich verstehen. Der denkt doch bestimmt, er ist wieder allein. Och, Klaus-Dieter, da darf ich gar nich dran denken! Und du musst auch noch en neuen Anzug haben. Oder kannste vielleicht den vonne Beerdigung noch …? Och nä, nä, du musst auch schick sein. Wir können ja mal bei Ebay Kleinanzeigen gucken. Du mit deine Figur, du kannst ja locker wat Feines vonne Stange …"

„Elfie! Chérie! Nun hol doch erst mal Luft zwischendurch. Wir haben doch noch Zeit. Sind doch noch über zwei Monate bis dahin."

„Ja, aber …"

„Non, jetzt setz dich zu mir. Wir machen eine Liste, schreiben alles auf und können dann nach und nach alles abarbeiten. Rudi, runter von der Couch! Jetzt sind wir dran. Elfie, sitz! Oh, non, Chérie, non! Isch meine natürlich … ach, du machst misch ganz nervös!"

Elfie kicherte und drückte ihrem Scherie-hi rasch einen lauten Kuss auf die Stirn. „Ich hol schon mal den Laptop."

„So, auf geht's. – *Festlicher Anzug in Gr. 48*. Oder besser 94? Mal gucken, wat et da so gibt. Zur Not können wir ja noch en bissken einkürzen oder abnähen lassen. Guck mal, ich hab schon wat. Is wohl ein Konfirmandenanzug, aber dat sieht man ja nicht. Guck mal, ist doch todschick oder? Der passt dir bestimmt wie angegossen, ohne dat wir noch wat ändern lassen müssen. Wird versteigert. Oder – wart mal, da steht auch: Festpreis 29 €. Klaus-Dieter, dat isset! Tu mal. *„Kaufen"*. So. Bingo! Dat klappt ja wie geschmiert. Für dich ham wir jedenfalls schon mal wat."

„Und jetzt suchen wir was Hübsches für dich, mon coeur."

„Bei Ebay? Nä, Klaus-Dieter!" Sie schüttelte den Kopf, mitleidig, nachsichtig. „Nä, also weißte, dat kannste vergessen." Sie schob Rudi, der sich klammheimlich wieder zwischen sie geschlichen hatte, zurück auf den Boden und rückte näher. „*Ich* kann doch nich einfach so aussem Netz wat kaufen. Ich muss dat schon richtig anprobieren. Oder vielleicht sogar nähen lassen. Du sollst doch stolz auf mich sein, deine *Silberbraut*! Wat meinste, wie den Männern da auf dem Schiff die Augen übergehen. Grün vor Neid sollen se werden, wenn se uns sehen. Dich mit deine schlanke Silhouette und mich, so proper. Mit 'nem tollen Kleid stell ich doch locker all die ollen Bohnenstangen mit ohne Busen in den Schatten. Auch, wenn se sich noch so mit dicke Klunker behängen. Ha!"

Die Zahlen, die rasend schnell durch sein Großhirn ratterten, trieben Klaus-Dieter den Angstschweiß auf die Stirn.

„Scherie-hi", Elfie küsste ihn zärtlich. „Du brauchst doch keine Angst haben. Als wenn *ich* je solche Ansprüche stellen würde. *Ich* brauch keine Klunker. *Ich* doch nicht! Selbst wenn wir Silberhochzeit haben. Nä, echt! Du weißt doch, wie bescheiden ich bin. Also ich, ich würde mich schon über einen winzigen Brilli, also, so'n ganz winzig kleinen … Klaus-Dieter, Schätzelein, wat is denn? Klaus-Dieter? … Klaus-Dieter!"

Auf Kleidersuche

Elfie wusste ziemlich genau, was sie haben wollte. Elegant sollte das Silberhochzeits-Outfit sein, elegant und stilvoll. Tagelang blätterte sie in Katalogen, durchforstete alle Online-Läden und dann war sie sicher: Taft. Das Kleid musste aus Taft sein.

In pinkfarbenem Taft müsste sie geradezu majestätisch wirken, der würde ihrer natürlichen Würde einen edlen Rahmen geben. Bodenlang, rasantes Dekolleté, angeschnittene Ärmchen und am Gürtel vielleicht so ein süßes, kleines Sträußchen mit zartrosa Streublümchen. Ja, Elfie war sich sicher. So und nicht anders würde sie am Arm ihres Scherie-his vor den Kapitän treten und sich silber-trauen lassen oder wie auch immer das hieß. Unwichtig. Elfie zuckte die Achseln. Es gab Wichtigeres, als sich über Worte Gedanken zu machen. Jetzt wurde es ernst. Jetzt ging es auf Kleidersuche. Dumm war ja nur, dass ein Bräutigam, egal, ob grün oder silbern, seine Braut vorher nicht sehen durfte.

„Och nä!" Elfie stampfte so heftig mit dem Fuß auf, dass Rudi erschrocken in seinem Korb auffuhr, wo er selig vor sich hingedöst hatte. „Dat is aber jetzt doof. Wenn Klaus-Dieter mich doch in dem neuen Silberhochzeitskleid noch gar nicht sehen darf, dann heißt dat ja, dat ich ganz allein einkaufen muss! Und selber fahren! Bis nach Kleve! Oder Bocholt! Oder vielleicht sogar bis in et Centro? – Nä! Nä, dat geht ja gar nicht. Dann muss er eben mit und draußen warten, bis ich fertig bin. Die können dat Kleid ja dann schnell ebkes einpacken, damit er nix sieht, wenn er zum Bezahlen reinkommt. Ja, so machen wir dat. – Klaus-Dieter!“

In Kleve betrat Elfie das erste Geschäft. Kleider über Kleider – alle ab Größe 42 abwärts. Elfie war schneller wieder draußen als Klaus-Dieter seinen mitgebrachten *Victor Hugo* aufschlagen konnte.

„Die ham nix“, fauchte sie. „Komm weiter!“

Ein Brautmodengeschäft … eine Boutique … ein Kaufhaus … noch eine Boutique …

Aus Elfies Gesicht hatte sich die Sonne der Vorfreude verzogen, dunkle Gewitterwolken dräuten zwischen ihren Brauen, und Klaus-Dieter ging behutsam auf Zehenspitzen.

„Chérie, mon amour,“ säuselte er. „Komm, lass uns nach Bocholt fahren oder – besser noch – gleich ins Ruhrgebiet. Hier auf dem Land …“

„Modemuffel, Idioten, null Ahnung, diese, diese – Kleinstadtpomeranzen!“ Elfies Stimme dröhnte durch die Hohe Straße. Überall drehten sich die Leute nach ihr um. Gekicher, Geflüster: „Guck mal, die Dicke! – Ob der Kleine dazu gehört? – Armer Kerl!“

„ … da wagt die eine Verkäuferin doch glatt zu sagen: *Taft? Taft?? Und dann noch in Pink?* Und da vorne in der Boutique sagte eine: *Na ja, Größe 60 vielleicht, wenn Sie eine sehr gute durchgehende Korsage tragen!! Aber diese Größen führen wir natürlich nicht.* Als ob ich fett wär. Ist doch alles fest an mir, da wabbelt nix. Sagst du doch selber auch immer. Ach, Scherie-hi, die sin alle so gemein! Dabei will ich doch nur schön sein für dich auf unserer Silberhochzeit auf dem Schiff.“ Elfies Arm fuchtelte immer heftiger, ihre Stimme wurde immer schriller: „Ich geh zurück und dann stopf ich denen ihre dämlichen winzigen Plastikkleider sonst wo hin!“

Klaus-Dieter zwinkerte besorgt hinter seinen beschlagenen Brillengläsern. „Komm, mon amour. Komm, bitte. Wir fahren weiter. Es gibt auch woanders Qualitätswaren und versierte Verkäuferinnen, die wissen, was dir steht und was du brauchst. Komm, wir suchen ein gutes Fachgeschäft. Du hast doch eine wunderbare Figur! Komm! Bitte, Elfriede!"

Er zog und zerrte an Elfies Arm, bis sie widerstrebend ihre Absätze aus dem Asphalt löste und ihm hocherhobenen Hauptes durch den Pulk der kichernden Zaungäste folgte. „Ksch!", fauchte sie mit glühenden Augen in die Gesichter hinein und lachte lauthals, als die Menge erschrocken auseinander stob. Die Gewitterwolken hatten sich verzogen.

Nach drei weiteren Städten und gefühlten dreihundert Geschäften – Klaus-Dieter hatte seinen *Hugo* schon dreimal durch – beschloss Elfie: „Dieses kleine Geschäftchen da vorne nehm ich noch mit, und dann is Schluss. Endgültig. Dann kauf ich mir selber Stoff und such mir eine Schneiderin. So!"

Das ‚kleine Geschäftchen' entpuppte sich als altmodisches Fachgeschäft für stärkere Frauen – ein langer, düsterer Schlauch mit einer einzigen ältlichen Verkäuferin – schlichter grauer Dutt, Gesundheitsschuhe und dicke Hornbrille; aber hellwache, freundliche Augen, die Elfie gründlich musterten.

„Tach, ich bin Elfriede Mullfuß und suche ein Silberhochzeitskleid in Größe 48, pinkfarbener Taft."

„Guten Tag, die Dame. Bitte treten Sie doch näher, damit ich Ihnen behilflich sein kann."

Eine gute Stunde später rauschte eine aufgelöste, verschwitzte, überglückliche Elfie auf Klaus-Dieter zu und schwang eine riesige Einkaufstüte über dem Kopf. „Scherie-hi, du wirst et nich glauben, ich hab mein Silberhochzeits-Outfit. Und wat für eins! Dir werden die Augen übergehen, wenn du mich damit erst siehst!"

Der böse Nachbar hat Schuld

Wenn der Sommer naht, ist Elfriede glücklich.

Endlich kann sie die dick machenden Jacken, Stiefel und Schals in die Ecke packen. Endlich kann sie frei von engen Korsagen und Altfrauenmiedern ihre natürliche Schönheit präsentieren. Zuhause und im Garten trägt sie jetzt leichte, luftige Hängerchen *en nature.* Klaus-Dieter kommt aus dem Hyperventilieren gar nicht mehr heraus.

Inzwischen besitzt Elfie drei von diesen dünnen Frotteekleidchen. Alle drei natürlich in rosarot, pink und zart rosé, ihren Lieblingsfarben. Und alle drei lassen Elfies weiche Zauberlandschaften in rosigem Licht tanzen. Klaus-Dieter hat schon etliche Paar Gartenhandschuhe zerschnitten, weil seine Blicke immer wieder an Elfie hängen statt an den welken Blütenköpfen, die er abschneidet.

„Scherie-hi, nu komm! Hör auf, dich selbst zu zerstören und bring mir mal lieber die Astschere. Ich steig da jetzt rüber übern Zaun. Wenn ich bloß seh, wie dat da aussieht, dann krieg ich die Krise! Kann der Typ von nebenan nich mal en bissken wat tun in seinem *Garten?* Faul wie Bohnenstroh, sag ich dir, faul wie Bohnenstroh. Dabei is dat doch ein kräftiger, junger Kerl. Ich versteh dat nicht. Guck dir bloß mal dat ganze Dornenzeugs an und den Wildwuchs. Tausend neue Bäume, und alles wächst zu uns rüber. En Urwald is nix dagegen!“

In ihrem rosa Hängerchen und tiefroten Gummistiefeln stapfte Elfie dem Gartenzaun entgegen, die Astschere wie eine Harpune gezückt. „Und die verdammten tausend Frösche kill ich gleich mit.“

Klaus-Dieter rang die Hände: „Aber Elfie, du kannst doch nicht einfach auf das Nachbargrundstück und da abholzen und morden. Frösche stehen, glaub ich, sogar unter Naturschutz. Auch wenn sie einen nicht schlafen lassen."

„Mir doch egal. Die Biester sind in den letzten Jahren zu Ungeheuern mutiert. Und wie die sich vermehren! Dat is auch schon nicht mehr normal. Müssen die vierundzwanzig Stunden ununterbrochen quaken? Monatelang? Und dann noch so hysterisch? Nä, nä, Scherie-hi! Nich mit – AUA! - Hilfe!"

„Chérie, mon coeur, was ist denn?"

„Ich häng in diesem verfluchten Brombeergestrüpp fest!"

„Halt aus, Chérie, isch komme!"

„Bring am besten die Heckenschere mit. Sonst komm ich hier im Leben nicht raus."

Klaus-Dieter bohrte eine Fußspitze in den Gartenzaun und versuchte, sein rechtes Bein darüber zu schwingen. Der Zaun schwankte bedrohlich. Er war alt. Er wollte keine Belastungen mehr ertragen müssen, nicht mal mehr so ein Fliegengewicht wie Klaus-Dieter. Er seufzte gebrechlich, dann sank er zu Boden und begrub Klaus-Dieter unter sich. Mitsamt der Heckenschere.

„Scherie-hi! Monn amu-hur! Lebste noch? Is wat passiert? Geht et dir gut? – Wat steigste da auch rüber? Ich bin doch noch hier! Aber typisch – dat kann man schon nich mehr erkennen, wo dat Gestrüpp anfängt und wo et auf hört. Scheiß Nachbar!"

Von Klaus-Dieter kam nur leises Stöhnen. „Chérie, isch …" und dann war Stille.

„Scherie-hi! Wat is? – HILFE!" Mit einem gewaltigen

Ruck zerrte Elfie an den Dornenranken, die sich in ihrem Frotteekleid festgekrallt hatten. „Halt aus, Scherie-hi! Ich komme!“ Sie hieb die Astschere mit aller Kraft abwechselnd auf das Gebüsch und auf ihr Kleid, bis es sich mit einem hässlichen Ratsch befreite. Rosarote Frotteefetzen krönten dicke Dornen und schwarze Beeren. Elfies Hängerchen diente nur noch der Erregung öffentlichen Ärgernisses.

Aber das war ihr egal. Vollkommen egal. Jetzt war nur Klaus-Dieter wichtig. Ihr Scherie-hi, der lautlos unter dem morschen Zaun begraben lag. Mit seiner Heckenschere. Im Bein.

Im Bein? Oh Gott! Elfie walzte die Rosen nieder, die sich ihr in ihrem Beet entgegenstellten und sie von ihrem Scherie-hi trennten. „Klaus-Dieter!“

Mit einem letzten Sprung hatte sie ihn erreicht. Beinahe. Unglücklicherweise war sie auf *dem* Ende der Latten gelandet, die nun aus Protest das ohnmächtige Fliegengewicht auf ihrem anderen Ende in die Luft katapultierten. Wie ein alter Sack klatschte Klaus-Dieter einen Meter weiter wieder zu Boden.

„Scherie-hi, wat machste denn? Doch nich so!“

Elfie kniete sich neben ihren Mann, hob seine Lider und tätschelte nachdrücklich seine blassen Wangen. „Komm schon, Scherie, wach auf.“

Aber Klaus-Dieter blieb regungslos liegen. Blut tropfte aus seinem Bein, in dem noch ein Teil der schwarzen Heckenschere steckte. *Weiß wie Schnee, rot wie Blut und schwarz wie Ebenholz* ging es Elfie durch den Kopf. Schneewittchen, *weiß wie Schnee, rot wie Blut, schwarz wie Ebenholz. Weiß wie* … Unwirsch schüttelte sie den Kopf. Weg damit!

Ob sie wohl die Heckenschere einfach so herausziehen durfte? Oder doch lieber den Notarzt rufen? Einen

Krankenwagen? Vorsichtig ruckelte sie an dem Griff. Augenblicklich schoss ein Blutstrom über ihre Gartenhandschuhe und Elfie zuckte zurück. Ihhh!

„Klaus-Dieter? – Schätzelein? – Du musst jetzt ganz tapfer sein. Gleich wird alles wieder gut. Ich muss nur kurz ebkes int Haus und einen Krankenwagen rufen. Ich bin sofort wieder da. Hörst du? – Klaus-Dieter?"

Keine zehn Minuten später hielt der Notarzt mit Sirene und Blaulicht hinter dem Krankenwagen. Elfie rannte zur Straße. „Hierhin! In den Garten!" Weit ausholend wedelte sie mit den Armen.

„Kommen Sie! – Wat is denn?"

Der Notarzt stand wie angenagelt. Seine Tasche polterte auf den Bürgersteig, er starrte Elfie ungläubig an. „Was soll das? Was geht hier vor? Also, wenn Sie uns verarschen wollen …"

Elfies Brauen kollidierten, ihre Finger zuckten drohend. „Männeken? Wat dat soll? Wat dat soll? Sie sollen meinen Scherie-hi retten. Und wat tun Sie? Sie starren *mich* an! Mein Scherie-hi ist schwer verletzt und Sie glotzen *mich* hier an! Also, dat hat ein Nachspiel, dat sag ich Ihnen. Wenn Sie sich jetzt nicht augenblicklich um Ihren Patienten kümmern! Der verblutet, aber Sie haben nur Sex im Kopf." Inzwischen sprach Elfie Hochdeutsch. Alarmstufe rot.

Der Notarzt schluckte und zwang seine Blicke in eine unverfängliche Richtung. „Vielleicht sollten Sie sich besser etwas überziehen. – Ähm, hatten Sie gerade … als Ihr Mann …? Ähm, waren Sie und Ihr Mann vielleicht gerade …? – Hm? Ist er deshalb … hm?"

Elfie fixierte den Notarzt mit verächtlichen Blicken: „Sie! Wat *Sie* sich denken! Ich habbet ja gleich gesehen.

Sie … Sie Sexmonster! *Wir* haben Gartenarbeit gemacht, ehrliche, saubere Gartenarbeit. In entsprechender Arbeitskleidung, wie Sie sehen können.“ Stolz streckte sie ihre Hände in den Gartenhandschuhen vor und blickte auf ihre Gummistiefel herunter.

„Huch!“ Sie fuhr zurück, ihre Augen blieben fassungslos an dem rosigen Fleisch hängen, das aus den Fetzen des rosa Frottees quoll. „Ach, du dickes Ei!“ Sie patschte ihre Hände auf die größten offenen Stellen. „Weg! Gehen Sie weg! – Nein, nicht hierhin. Dahin. Mein Gatte liegt da hinten im Garten. Verschwinden Sie! Weg!“

Der Arzt floh Richtung Garten und Elfie ins Haus. Vor den nächsten Spiegel. Wo sie sich wohlwollend hin und her drehte. Jammerschade, dass Klaus-Dieter sie jetzt nicht sehen konnte …

Vor der Kreuzfahrt

Unmerklich war die Zeit verflogen und plötzlich stand die Kreuzfahrt vor der Türe. Elfie geriet in Panik: „Ich muss doch noch tausend Sachen erledigen: Einkaufen, Zeitung abbestellen. Du hast noch keinen Festanzug! Mist, dat dat damals nicht geklappt hat mit dem Konfirmationsanzug. Ich weiß auch gar nicht, ob unsere Koffer noch gut genug sind. Müssen wir uns eigentlich auch impfen lassen? Guck doch mal im Katalog nach, Scherie-hi. – Und meinste nich auch, dat wir uns vielleicht so eine kleine Digitalkamera anschaffen sollten? Für so einen einmaligen Urlaub? Unsere Silberhochzeit? Inne Karibik? Mit dat tolle neue Kleid? Un mein Parfümfläschken is auch fast leer. Meinste nich auch, Schätzelein? – Scherie-hi!"

„Non!" Klaus-Dieter fing Elfies Hände ein, die wild wie Vögel auf der Flucht über ihrem Kopf kreisten und streichelte sie beruhigend. „Wir brauchen keine besondere Impfung und unsere Koffer sind in Ordnung. Das hab ich schon längst alles nachgesehen. Wenn du vielleicht Frau Hispelkamp von nebenan Bescheid sagst, dass sie mal nach den Blumen guckt und die Gratiszeitungen aus der Rolle nimmt. Die Tageszeitung hab ich bereits umbestellt ins Altenheim. Eigentlich fehlen uns nur noch der Anzug und die Kamera. Und natürlich sollst du auch ein neues Rosenparfum haben. Wollen wir mal bei Ebay Kleinanzeigen nachsehen?"

„Ach, Scherie-hi, wenn ich dich nicht hätte! Du bist mein Ein und Alles. Ohne dich könnte ich nicht mal im Internet nach einem Anzug für dich suchen. Du sollst doch genauso toll aussehen wie ich. Komm, fahr mal dat

Ding hoch."

Klaus-Dieter blinzelte. Seine Augen verschwammen schon wieder leicht beim Anblick der wogenden Doppelrubens im pinkfarbenen Satin-Top mit rosigen Streublümchen.

„Isch fahre hoch", raunte er mit heiserer Stimme. „Komm, mon amour, komm!"

Ahoi, MS AMADEO

Am Morgen des Reisetages regnete es.

„Ob dat ein schlechtes Omen ist?“, fragte Elfie, als Klaus-Dieter sie behutsam wie immer vor- rück- und seitwärts auf dem Beifahrersitz drapierte. „Also, ich weiß ja nicht, dat kommt mir schon komisch vor. Die ganzen Wochen war et super schön warm und trocken und jetzt, wenn *wir* einmal auf Kreuzfahrt gehen wollen, da regnet et. Ich weiß ja nicht!“

„Ach komm, Chérie, hör auf zu unken. Spätestens in der Karibik wird es wieder schön warm sein. Wir werden uns auf den heißen Sandstränden unter wehenden Palmen aalen, du in deinem Tankini, ich öle dir den Rücken ein, die Brust, die Beine ...“

„Mensch, Scherie, hör bloß auf, mir wird schon wieder ganz anders. Wat du immer so denkst! Stell dich mal lieber ebkes in den kalten Regen, damit de wieder beikommst und fahren kannst. Bis Bremerhaven is noch 'ne ganze Ecke. Und wir wollen doch heil und pünktlich ankommen. Oder willste dat Schiff verpassen?“ Elfie kicherte und wühlte ihre hinteren Massen genüsslich in den Sitz. „Wenn wir erst mal auf dem Schiff sind, ham wir Zeit genug für uns.“

„Willkommen an Bord!“ Ein freundlich lächelnder Mann am oberen Ende der Gangway streckte Elfie die Hand entgegen: „Willkommen zuhause! Ich bin Ihr Kreuzfahrtdirektor.“

„Zuhause? Na, dat wollen wir doch erst mal sehen“, schnaubte Elfie, nahm aber seine Hand und schüttelte sie auf und ab. „Können wir uns davon einen aussuchen?“ Sie zeigte auf die braunen, jungen Männer, die nebeneinander aufgereiht standen und sie neugierig betrachteten. Schon sprang der erste herbei, nahm Elfie mit einem breiten Lächeln ihr Beautycase ab und führte sie durch Gänge und über Treppen zu ihrer Kabine. Klaus-Dieter tappte glücklich hinterher.

„Och, wat putzig, wie 'ne kleine Puppenstube!“ Elfie drehte sich vorsichtig um ihre eigene Achse. „Meinste, dat passt für uns beide drei Wochen lang? Du musst ja schließlich *auch* hier wohnen. Aber – in dat Puppenbett da passen wir nicht beide zusammen, dat is schon mal glasklar. Kann doch nich sein, dat wir hier nur so eine einzige Pritsche haben – oder? Is ja wie im Knast. Frag doch mal nach, Scherie. Wir sind schließlich Silberhochzeitsleute. Ob die denken, wir sind schon jenseits von Gut und Böse? So alte Tattergreise?“

Klaus-Dieter war längst draußen auf dem Gang auf der Suche nach dem Steward. Schließlich wusste er genau, was seine geliebte Gattin wollte, sobald sie den Mund nur aufmachte. Da musste er gar nicht erst abwarten, bis sie fertig gesprochen hatte. Er kannte sie. Innen wie außen.

Mit einem freundlich lächelnden jungen Philippino im Schlepptau tauchte Klaus-Dieter wieder auf.

„Scherie-hi, nu geh doch mal ebkes gucken – och, warste schon weg? Wen hast du denn da mitgebracht?“ Mit sichtlichem Wohlwollen betrachtete sie das weiche, braune Gesicht des jungen Mannes mit den schwarzen Kulleraugen.

„Madame, ich bin Ronel, Ihr Steward. Ich richte heute Abend Ihr Bett. Es jetzt hoch. Look!“

„Na gut“, Elfie war gnädig gestimmt. „Aber hör'n se

ma – man kann die Betten doch sicher auch zusammen … vielleicht so? Hm?“ Sie patschte ihre Hände zusammen und schaute den Steward mit neckisch blinzelnden Augen an. „Wissen Se, wir sind nämlich auf Hochzeitsreise. Sozusagen!“ *Entweder verstand der Typ kein Wort oder er war zu blöd zum Kapieren.* „Betten … zusammen! Verstehen?“

„Sorry, Madame. Geht nicht.“

„*Geht nicht, gibbet nicht.* Hat mein Vater immer gesagt. Aber lass ma, Jung, du kannst ja nix dafür, et gibt auch andere hier auf dem Kahn, die wat zu sagen haben. Wir kriegen dat schon hin.“

Eine Stunde später hatte Klaus-Dieter die Koffer ausgepackt und sie standen auf dem Achterdeck, ein Glas Sekt in der Hand und lauschten der Abschiedsmelodie. Die MS AMADEO löste sich langsam von der Pier und schob sich in den Sonnenuntergang über der immer dunkler werdenden Nordsee.

„Och, is dat romantisch, Scherie-hi, jetzt fehlt mir nur noch unser Rudi. Der vermisst uns bestimmt.“ Elfie seufzte, schob sich vor Klaus-Dieter an die Reling und breitete dramatisch beide Arme weit aus. „Wie auf de Titanic!“

Wie immer, wenn Elfie flüsterte, wandten sich im Umkreis von hundert Metern die Köpfe herum und sahen sie an – und Klaus-Dieter. Ungläubig, mitleidig.

Augenblicklich straffte Klaus-Dieter die Schultern und drückte die schmale Brust heraus. Sollte nur einer wagen, sich über seine geliebte Ehefrau lustig zu machen. Demonstrativ schmiegte er sich an Elfies Rücken.

Sie hatte von all dem nichts mit gekriegt. Mit einem langen Jauchzer dehnte sie sich, dann löste sie sich von der Reling und zog Klaus-Dieter mit sich. „Komm, Scherie-hi, jetzt suchen wir den Kreuzfahrtdirektor. Der muss doch wissen, dat wir nächste Woche Silberhochzeit haben und unser Eheversprechen erneuern wollen. Und – en ander Bett brauchen wir auch. Zumindest in der Hochzeitsnacht. Meinste nicht auch, Scherie-hi? Und Sekt und – hihihihi – eine wasserdichte Unterlage. Sonst denken die hinterher noch, einer von uns wär über Nacht inkontinent geworden."

Kichernd zog Elfie ihren Ehemann Richtung Rezeption.

„Tach, ich bin Elfriede Mullfuß. Und dat is mein Scherie-hi Klaus-Dieter. Wir müssen den Kreuzfahrtdirektor sprechen."

Noch bevor die MS AMADEO den Ärmelkanal passiert hatte, war alles geregelt. Elfie hatte dem Kreuzfahrtdirektor keine Chance gelassen, auch nur eine einzige, winzige Kleinigkeit zu delegieren.

„Nix da, Sie haben uns begrüßt mit: *Willkommen zuhause*. Dann tun wir doch jetzt auch mal so, als wären wir zuhause. Und da hab *ich* dat Sagen. Und *ich* sag: *Sie* planen unsere Hochzeit. Nicht irgend so'n Jungspund vonne Gästebetreuung oder so. Die haben doch noch gar keine Ahnung vonne richtige Liebe wie zwischen mein Scherie-hi und mir." Elfie lächelte sanft. Die Drohung dahinter war kaum wahrnehmbar.

Auf See

Argwöhnisch achtete Elfie auf jedes Schaukeln. Als sie aber feststellte, dass sie freihändig laufen konnte, ihr Teint rosig blieb und ihr Magen an Ort und Stelle nach regelmäßigem Befüllen verlangte, entspannte sie sich und fing an, die Reise zu genießen.

Sie liebte es, sich im Speisesaal von den freundlichen Philippinos mit Köstlichkeiten verwöhnen zu lassen. Schon bald kannte der Kellner, der sie bediente, ihre Vorliebe für Süßes, brachte ihr mit schelmischem Lächeln doppelte Desserts.

„Ach, Scherie-hi, is dat nich herrlich hier? Wenn dat so weitergeht, pass ich nich mehr in mein Hochzeitskleid. Dann musste mir glatt noch wat Neues kaufen. Aber vielleicht sollten wir sowieso – ich mein, auf Verdacht – vorsichtshalber …? Wir gehen doch in Lissabon an Land. Da könnten wir doch mal so'n bissken gucken. Oder? Wat meinste, Scherie?"

„Wir wollten uns die *Stadt* angucken."

„Dabei kann man aber auch nach rechts und links inne Schaufenster gucken. Oder? *Scherie-hi*!"

Klaus-Dieter wand sich unbehaglich. Er dachte an sein Portemonnaie. Elfies Silberhochzeitskleid mit dem ganzen Drumherum hatte schon fast sein Budget gesprengt. „Chérie, mon amour, lass uns doch einfach nur die wunderbare, alte Stadt anschauen. Mit dem Aufzug fahren, der Straßenbahn …"

Elfie schmollte. „Aber dat sag ich dir, wenn dat Kleid nicht mehr passt, ich geh nich im Bademantel!"

„Elfie, sei vernünftig. Wir essen ab heute nur noch drei Mahlzeiten und machen Sport. Dann hast du auch keine Probleme mit dem Kleid. Wir könnten doch oben auf dem Sportdeck walken. Oder, oder – vielleicht mal in der Muckibude eine Runde Radfahren – nein! Die haben *keine* Tandems! – oder schwimmen oder uns zum Yoga anmelden. Chérie, es gibt zig Möglichkeiten. Lass uns doch einfach regelmäßig nach jedem Essen eine Runde laufen. Einverstanden?"

Aber Elfie hatte schon gar nicht mehr zugehört. „Wie jetzt? Nur noch Frühstück, Mittagessen und Abendessen? Und all dat andere leckere Zeug? Du kannst doch nich im Ernst verlangen, dat ich auf die anderen drei Mahlzeiten verzichten soll?" Ungläubig starrte sie ihren Mann an. „Aber dat ham wir doch alles bezahlt!"

„Non." Diesmal blieb Klaus-Dieter fest. „Entweder – oder."

„Dann eben nich." Elfie presste die Lippen zusammen und winkte in Richtung Buffet: „Alan, ich hätt gerne noch mal Nachtisch. Und en bissken Wein kannste mir auch noch nachschenken! So!"

Aber Elfie war ja nicht nachtragend.

Nach dem Essen kramte sie ihre rosa Ballerinas aus dem Schrank, die sie vorsichtshalber und eigentlich mehr als modisches Accessoire eingepackt hatte und feixte: „Na, wat is? Läufste jetzt mit oder nich? Und wenn wir zurückkommen, dann is auch schon fast Zeit für den Nachmittagsschoppen. Heute gibbet Sekt und Austern und all so'n leckeres Meeresgetier. Da geh'n wir auf jeden Fall hin. Dat lass ich mir nich entgehen." Sie kicherte: „Selbst wenn ich hinterher wieder laufen muss."

Die MS AMADEO glitt an den weißen Klippen von Dover vorbei, durch die friedliche Biskaya und legte erstmals in Lissabon an. Mit dem Stadtführer in der einen,

Elfies Hand fest in der anderen, führte Klaus-Dieter seine Frau durch die Stadt.

„Boah, ich kann nich mehr! Scherie-hi, ich will zurück aufs Schiff. Müssen die hier so viele Treppen haben? Können die nich normale Straßen haben wie bei uns? Aber eins sag ich dir: Heute lauf ich auf dem Schiff keinen Meter mehr. Un – für heute und die nächsten Tage hab ich mir dat leckere Essen jetzt schon verdient."

Klaus-Dieter drückte Elfie leicht an sich. „Chérie, ich bin so stolz auf dich. Wenn wir nachher zurück sind, gehst du schön in die Sauna und ruhst dich aus. Ich – ähm, wir treffen uns dann später auf dem Pooldeck und genehmigen uns den leckeren Tages-Cocktail in der Happy Hour, bevor wir zum Essen gehen."

Leicht befremdet schaute Elfriede ihren Gatten von der Seite an. „Wat is denn mit dir los? Willste mich weghaben? Haste wat vor? Du planst doch sonst auch nich Stunden voraus."

Klaus-Dieter lächelte und schwieg.

Als die Abschiedsmelodie erklang und sich die MS AMADEO sacht unter der singenden Brücke des 25. April hindurch an den letzten Häusern der Stadt vorbeischob, stand Klaus-Dieter entspannt an der Reling und wartete auf den Kreuzfahrtdirektor, in der Hand ein Glas Rosé. Verträumt betrachtete er die Dächer, die in der Abendsonne rotgolden leuchteten und ihren Schatten auf die verspiegelten Panoramascheiben der Sauna über ihm warfen, in der er seine geliebte Ehefrau wusste. Klaus-Dieter war glücklich. Einfach nur glücklich.

„Na, mein Lieber, genießen Sie die Kreuzfahrt? Sie waren doch bestimmt heute auch an Land? Hat Ihnen Lissabon gefallen? – Aber sagen Sie, wo ist denn Ihre

Gattin?“

Klaus-Dieter hatte gar nicht bemerkt, dass der Kreuzfahrtdirektor schon eine Weile neben ihm stand. „Ähm, ma femme – sie ist in der Sauna. Isch wollte gerne allein mit Ihnen sprechen.“

Klaus-Dieter sammelte sich und straffte die Schultern. „Meine Frau ist mein Leben“, sagte er schlicht. „Isch liebe sie. Und zur Silberhochzeit, wenn wir unser Eheversprechen erneuern, möchte isch für sie singen. Glücklichsein und Singen gehören für uns zusammen. Wissen Sie, wenn wir sehr glücklich sind – in bestimmten Situationen, n'est-ce pas? – dann singen wir. Allerdings nur“, Klaus-Dieter schaute leicht verlegen zu Boden, „allerdings nur *Bruder Jakob.* Weil wir das beide kennen, sie auf Deutsch und isch auf Französisch. Aber bei dieser Feier werde isch natürlich etwas anderes singen. Isch weiß nicht, kennen Sie das vielleicht? *„Dich zu lieben“,* von Roland Kaiser. – Non? – Also das war unser Lied. Damals. Bei unserer Hochzeit. – Ach ja“, Klaus-Dieter seufzte tief. „Der Text, wissen Sie … er passt so genau zu uns.“ Und er fing leise an zu singen:

„Du bist die Frau, die jedes Lächeln, jede Zärtlichkeit an mich verschenkt,

du bist die Frau, die alles gibt, was man Liebe nennt …

dich zu lieben, dich berühren, mein Verlangen, dich zu spüren …

Allerdings kann isch nischt so gut singen. Wenn wir allein zuhause wären – aber hier auf der Brücke mit dem Kapitän und so – da genier isch mich dann doch etwas. Da bräuchte ich etwas Unterstützung. Andererseits will isch an diesem besonderen Tag unbedingt etwas ganz Besonderes für meine Elfie tun. Sie glauben ja gar nicht, wie oft die Leute über uns spotten und lachen. Und gerade deshalb werde isch Elfie an unserem Silberhochzeitstag in aller Öffentlischkeit meine Liebe gestehen. Oder – wie sagt man – sie bestätigen – sie erneuern? Ach, Sie wissen schon. Sie ist eine so wunderbare, großartige Frau." Klaus-Dieter schluckte heftig.

Der Kreuzfahrtdirektor zwinkerte ungläubig, hatte sich aber schnell wieder im Griff und legte Klaus-Dieter beruhigend den Arm um die Schultern. „Ich kann Ihnen helfen, mein Lieber. Das ist überhaupt kein Problem." Er zog sein Walkie-Talkie aus der Tasche und sprach kurz hinein.

„So, ich habe Sie mit Tommy verabredet, einem unserer Reiseleiter. Der ist Profi und genau der Richtige für Sie. Der hat früher Musical gesungen und gespielt." Er lachte zufrieden: „Ihr beide werdet die Brücke schon rocken und Elfie zu Tränen rühren. Und damit bin ich dann mal wieder weg. Und – nicht vergessen: Psst!"

Silberhochzeit

An diesem Morgen erschienen Elfie und Klaus-Dieter strahlend, aber recht spät, zum Frühstück.

Noch bevor sie sich setzen konnten, stürzten die drei philippinischen Kellner auf sie zu und versuchten, beide gleichzeitig zu umarmen. Mit ihren sechs Armen schafften sie fast die gesamte Breite. Sie schwenkten und drückten, lachten und palaverten mit ihren weichen Stimmen, vergaßen den mühsam erarbeiteten deutschen Wortschatz. Aber Elfie und Klaus-Dieter verstanden sie auch so.

„Is ja gut, Jungs, danke, danke. Wir lieben euch auch. – Und wo ist der Sekt? Hm?"

Was Elfie in der Umarmung nicht gesehen hatte: Ihr Tisch war festlich gedeckt mit Luftballons, Konfetti und natürlich – mit Sekt!

Noch ehe einer der Kellner die Gläser füllen konnte, hatte Elfie bereits die Flasche in der Hand.

„Aber Chérie, doch nicht *vor* dem Frühstück, wir müssen doch erst etwas im Magen haben."

Klaus-Dieters milder Tadelversuch ging in Elfies dröhnendem Lachen unter. „Wat für ne Verschwendung! Sekt zum Trinken! Hihihihi! Da wüsst ich eigentlich wat viel Besseres!"

Klaus-Dieters Ohrläppchen färbten sich auf der Stelle blutrot. „Chérie, bitte, sei doch leise!"

Aber Elfie war an diesem Morgen nicht zu bremsen.

„Kein Sekt mehr am Morgen! Weder – noch!" notierte Klaus-Dieter in seinem Oberstübchen.

Je mehr es auf den Mittag zuging, desto nervöser wurde er. Hoffentlich klappte alles. Hoffentlich vergaß er den

Text des Schlagers nicht. Er hatte ein paar Mal mit Tommy geprobt. Auch hatte er lange und intensiv an seinem Eheversprechen gefeilt. Ob Elfie auch …? Er hatte keine Ahnung, wollte auch nicht fragen. Elfie musste ja auch eigentlich nichts sagen. Es war *ihr* Tag. Sie sollte einfach nur verwöhnt und geliebt werden und glücklich sein. Dafür wollte er schon sorgen. Und gerade das machte ihm Sorgen. Hoffentlich klappte alles.

Um elf Uhr wurde Elfie von einer hübschen, jungen Reiseleiterin abgeholt und in den Beauty-Salon gebracht. Wofür sollte das gut sein? Seine Frau war absolut nicht renovierungsbedürftig. Elfie war eine Naturschönheit. Aber es war *ihr* Tag, und wenn es denn sein sollte, dann durfte er nicht ans Geld denken. Heute war ein Ausnahmetag. Klaus-Dieter seufzte und band mit schwitzigen Händen die Schleife über dem zartrosa Ebay-Kleinanzeigen-Rüschenhemd.

„Sollen wir die Haare nicht etwas eintönen? Ein bisschen dunkler vielleicht? Richtung Kastanie?", fragte die Friseurin nach einem diskreten Rundumblick auf die Pink-in-Rot-Gestalt im Stuhl vor ihr. „Welche Farbe hat denn Ihr Kleid? Das Outfit?"

„Na, pink natürlich!" Elfies Lachen dröhnte, dass ihre Massen in Bewegung gerieten und wellenförmig abrollten. Die Friseurin schnappte hörbar nach Luft.

„Reingelegt!"

„Elfie, jetzt haben Sie mich aber wirklich … sagen Sie mal ganz ernsthaft, welche Farben tragen Sie heute?"

„Zartrosa und lila. Das Kleid ist tiefviolett, die Accessoires rosa. Und die Haare bleiben wie sie sind. Basta!"

Zwei Stunden später betrat Elfie am Arm des

Kreuzfahrtdirektors die festlich geschmückte Brücke. „Eigentlich wollt ich ja draußen auf die Nock“, flüsterte sie, „damit die anderen Passagiere auch wat sehen können oben vonne Reling aus. Aber nä, dat wird zu eng für alle, hieß et. Dabei passen mein Scherie-hi und ich in et kleinste Ecksken, wenn et sein muss oder Bettchen … hihihi!“

„Psst! Würdevoll jetzt“, raunte der Kreuzfahrtdirektor, führte die kichernde Elfie zu einem blutrot überzogenen Sessel und drückte sie nachdrücklich hinein. Ein kurzer, strenger Blick: *Ruhig jetzt! Sitzenbleiben.*

Elfie sah sich um. Da war der Kapitän, ganz in Weiß, und zig andere Leute, ebenfalls weiß. Wie die Doktoren im Krankenhaus. Nur das Stethoskop in der Brusttasche fehlte. Aber wo war Klaus-Dieter? Elfies Kopf rotierte. Es war doch *ihre* Silberhochzeit. Der konnte doch nicht zu spät kommen. Der war doch wohl nicht über Bord...?

„Scherie-hi! Scherie-hi? Wo biste denn? Klaus-Dieter! Scherie-hi! Klaus-Dieter!“

Bei ihrem hysterischen Geschrei überhörte sie die ersten, leisen Töne. Doch dann fuhr sie abrupt herum und schnappte nach Luft: „Nä! Nä! Wat is dat denn?“

Immer lauter schwebte die Musik durch den Raum. Elfies Augen wurden kugelrund, fragend starrte sie den Kapitän an, doch der lächelte nur.

„Dat is unser Lied!“

… *weil du mich liebst, ist der Tag wieder Leben für mich* …

Langsam trat Klaus-Dieter hinter der Mannschaft hervor und noch ein anderer junger Mann, der ihr vage bekannt vorkam. Aber Elfie hatte nur Augen für Klaus-Dieter.

…*weil du mich brauchst, ist die Nacht wieder Liebe für mich* …

„Scherie-hi!“

… was du mir gibst, hab ich niemals zu träumen gewagt …

Elfie stürzte auf Klaus-Dieter zu und warf sich an seine Brust. Tommy fing ihn von hinten auf und stützte ihn diskret ab. Dabei sang er mit kräftiger Stimme weiter. Klaus-Dieter drückte seiner aufgelösten Frau einen Kuss auf die Lippen, dann schob er sie sanft von sich, nahm ihre Hand fest in seine und fiel voller Inbrunst wieder in den Gesang mit ein:

… Du bist die Frau, die jedes Lächeln, jede Zärtlichkeit an mich verschenkt,

…du bist die Frau, die alles gibt, was man Liebe nennt …

Selten hatte Elfie schöner geweint. Ihre Tränen schimmerten sanft wie Regentropfen auf einem Blütenblatt, ohne, wie sonst, ihr Make-Up zu verschmieren. Dabei lächelte sie so glücklich verklärt, dass Klaus-Dieter das Herz schier übergehen wollte.

Als der letzte Ton verklungen war, atmete Elfie tief durch. Dann öffnete sie die Augen.

„Klaus-Dieter? Wo bist du denn?"

In diesem Moment zupfte etwas hinten an ihrem Saum. „Chérie!"

Sie wirbelte auf dem Absatz herum und wäre fast gestolpert …

Da kniete er.

Vor ihr auf dem Boden.

Eine rote Rose zwischen den Zähnen.

„Chérie! Mon ...aua!"

Klaus-Dieter riss den Mund auf, die Rose heraus und spuckte dezent zur Seite. Dann hob er die Rose vorsichtig wieder an die Lippen und küsste sie : „Mon Coeur, mon amour, ma vie, ma rose, ma femme – je t'aime!"

Das war zu viel.

Von diesem Moment an nahm Elfie alles um sich herum nur noch wie durch einen Wattevorhang wahr. Unwirklich. Traumhaft. Das Eheversprechen, die Worte des Captains, die Glückwünsche, Blumen. Der Sektempfang, das Ständchen der Restaurant-Crew – alles versank in einer rosaroten Wolke des Glücks.

Erst als Elfie sich spätabends in einer fremden Suite wiederfand, kam sie zu sich. Sie blinzelte ungläubig, entdeckte das riesige Bett mit dem Schwanenpärchen aus Handtüchern. Rote Luftballons und Luftschlangen tanzten unter der Decke. Eine offene Doppeltür führte nach draußen auf einen mit Lampions und Kerzen sanft erhellten Balkon … leise Musik wehte ihr entgegen …

„Aber – dat is doch gar nich *unsere* Kabine!“ Zögernd ging sie auf die Tür zu: „Scherie-hi?“

Da stand er, in einem weißen Bademantel, umgeben von roten Rosen, an einem festlich gedeckten Tisch, summte leise und hantierte mit einer Mammutflasche Sekt. Dann sah er auf und grinste breit.

„Da bist du ja wieder, Chérie. Hab ich's doch tatsächlich geschafft, dich für ein paar Stunden sprachlos zu machen!“ Mit einer Verbeugung reichte er ihr ein beschlagenes Glas: „Nehmen Sie Platz, Madame! Willkommen in unserer Silber’ochzeitsnacht!“

Und seine Brillengläser beschlugen.

Karibische Gefahren

Die Traumstrände der Karibik hielten, was Elfie und Klaus-Dieter sich davon erhofft hatten.

Elfie war in ihrem pinkfarbenen Tankini eine reine Augenweide. Und zwar nicht nur für Klaus-Dieter. Es gab zwar immer noch die paar Leute, die heimlich mit dem Finger auf sie zeigten oder geringschätzig lachten, aber die waren hier auf den Inseln in der Minderheit. Das waren überwiegend nur die vom Schiff, die ihre Schönheit nicht zu schätzen wussten. Die Einheimischen allerdings – olàlà – die fuhren auf Elfie ab. Sie rollten mit den Augen, machten ihr Komplimente, pfiffen und riefen ihr hinterher, als ob sie noch so ein süßes, junges Ding sei.

Elfie genoss.

Klaus-Dieter litt.

Er konnte die Verehrer gar nicht so schnell abwimmeln, wie die hinter Elfie her waren. Das waren Kenner. Wie er selber. Die wussten Elfies Formen zu schätzen. Aber sie war *seine* Frau! Er hechtete hinter ihr her, schoss mit drohenden Blicken um sich, ließ sie keinen Meter unbewacht, sobald sie die Gangway hinunter und irgendwo auf irgendeiner dieser Inseln an Land gingen.

Für Barbados hatten sie den Ausflug 'Schnorcheln' gebucht.

Elfie lief heiß. „Schnorcheln! Dat wollte ich immer schon mal! Wat man da alles zu sehen kriegt unter Wasser. Da soll so'n Wrack liegen und … und Schildkröten, grüne Schildkröten leben da. Ob die beißen? Wat meinste? Och, ich freu mich jetzt schon drauf, wenn ich dat zuhause bei meine Häkelfrauen alles erzählen kann. Die werden grün vor Neid."

„Aber vorher kriegst du einen richtigen Badeanzug", knirschte Klaus-Dieter. „So einen mit Röckchen, wie es die heute wieder gibt."

„Huch, du bist ja richtig eifersüchtig, Scherie-hi!" Elfie kicherte begeistert und schob sich verführerisch näher.

„Glaubst du denn, dat die hier an Bord so wat haben? In meine Größe?"

„Dann trägst du eben deinen Umhang über dem Tankini."

„Damit kann ich aber nich schnorcheln, Scherie-hi."

„Aber zumindest bist du bedeckt, bis du ins Wasser gehst. Das musst du mir versprechen."

„Mein Gott, Scherie-hi! Du tust ja grad so, als würd mich hier jemand klauen. Du weiß doch, dat et für mich immer nur dich gibt!"

„Aber du genießt das immer so, isch krieg noch Kreislauf davon!"

Züchtig, aber schweißgebadet unter dem hochgeschlossenen Umhang, stapfte Elfie an Bord des Katamaran. Die Hitze stand. Es war *zu* heiß.

Elfie ließ den Umhang fallen.

Dem Bootsführer quollen die Augen aus den Höhlen.

Klaus-Dieter hatte Schnappatmung.

Er zog an Elfie. „Komm! Weg hier. Weiter nach hinten."

Aber der Bootsführer ließ Elfie nicht aus den Augen: „Madonna!" Samtweiche Stimme, glühender Blick. „Come, Lady, come and let me show how to use the snorkel and life jacket. Come!"

Mac

Und noch ehe Klaus-Dieter einschreiten konnte, hatte der Mann – ein grässlicher, brauner Kleiderschrank mit schwarzen Locken und ekligen, dicken Muskeln – seine Frau im Arm und legte ihr die Rettungsweste an. Atmete der Kerl nicht schon schwer? Presste er seine zarte Elfie nicht viel zu fest an sich? Neben der Schnappatmung fing Klaus-Dieter noch an zu hyperventilieren. Sein Blick verschwamm. Seine Haare standen zu Berge. Er ballte die Fäuste und stürzte mit einem französischen Urschrei auf den Bootsführer zu. „Sie Monster, Sie! Lassen Sie sofort meine Frau los! Tout suite! Augenblicklisch, sage isch! Oder isch töte Sie!"

Er versuchte einen Schlag zu landen, aber das war nicht so einfach, denn er wollte ja den Kerl treffen und nicht seine Elfie. Obwohl, so einen kleinen Klaps hätte auch sie verdient. Merde. Merde. Merde. Resigniert gab er auf. Die Lust am Schnorcheln war ihm gründlich vergangen. Schon bevor er angefangen hatte. Wär er doch bloß mit Elfie zuhause geblieben. Hätte er doch bloß nie diese Idee mit der Kreuzfahrt gehabt. *Karibik* ! Phh! Sie hätten lieber im Land bleiben und vielleicht das Oktoberfest buchen sollen. Aber der Urlaub war ja schon fast am Ende. Kuba noch – auf jeden Fall ohne Strand und halbnackt im Tankini – und dann ab in den Flieger und nach Hause.

Fahrrad kubanisch

Klaus-Dieter fieberte dem Ende der Kreuzfahrt entgegen. Diese braunen Männer, die mit ihren glühenden Blicken seine Elfie verschlangen, brachten ihn um den Schlaf. Er war kaum noch in der Lage, sich ohne verfängliche Bilder im Kopf um sie zu kümmern. Wie braune Schatten lagen sie mit im Bett. Selbst Sekt konnte ihn nicht mehr ablenken. Er wollte heim. Einfach nur heim und seine Elfie wieder für sich ganz allein haben.

Die blätterte inzwischen frustriert im Ausflugsangebot: „Dat nich. Dat nich. Strand! Auch nich? Mann! Da bleibt ja nur noch die Inselrundfahrt. Aber da hab *ich* keinen Bock drauf. Den ganzen Tag im Bus sitzen und rumkutschiert werden, is doch doof." Sie knallte das Blatt aufs Bett. „Da können wir ja gleich an Bord bleiben. Warum können wir denn nich noch mal an den Strand? Ist doch die letzte Insel. Übermorgen fliegen wir wieder nach Hause. Komm, Scherie-hi, nu stell dich doch nicht so an und lass uns die Tour machen." Sie schob sich näher an Klaus-Dieter heran, knabberte an seinem Ohr und streichelte hauchzart über die Brust. „Die Strände von Kuba sind die schönsten der Welt."

„Non."

„Och, Scherie-hi, einmal noch!"

„Non."

Elfie zog eine Schnute, schmollte, lockte, umnebelte ihn mit ihrem Rosenparfum, schimpfte. Aber es nützte nichts. Klaus-Dieter blieb stur. „Dann geh ich eben so von Bord. Irgendwat Interessantes gibbet hier in Santiago de Cuba bestimmt auch."

Elfie seufzte laut und tragisch. Aber das war nur äußerlich. Denn sie wusste genau, wann sie aufgeben musste. Sie kannte doch ihren Scherie. Wenn der einmal NON sagte, auf diese sture Art, dann blieb er auch dabei. Zum Glück kam das nicht allzu oft vor. Elfie grinste in sich hinein. An dreihundertzweiundsechzig von dreihundertfünfundsechzig Tagen im Jahr hatte *sie* das Sagen.

„Du kannst ja mitkommen, wenne willst. Ich zieh mich auch nonnenmäßig an. Brauchst also gar keine Angst haben. Ich seh ja, dat de jetzt schon wieder flatterst."

Elfie kramte ihren rosa Faltenrock aus den hinteren Tiefen des Schranks, schob die Tops und Shirts beiseite und suchte nach der langärmligen, pinkfarbenen Rüschenbluse mit den Knöpfen bis zum Hals. Schon jetzt brach ihr der Schweiß aus bei dem Gedanken, all das Zeugs anziehen zu müssen. *Dat war doch so schon viel zu heiß mit nix wat an!*

Fest an Klaus-Dieters Hand, trotteten sie durch Santiago. Elfie hatte sich von Bord ein Gästehandtuch mitgenommen, aber sie konnte gar nicht so schnell wischen, wie ihr der Schweiß durch die zahlreichen Katakomben strömte. Selbst Scherie-hi transpirierte zart.

„Scherie-hi, dat Klima hier bringt mich um, wenn ich so angezogen sein muss." Sie jammerte und stöhnte. „Kein Mensch hat so viele Klamotten an wie ich. Können wir nich zurückgehen?"

„Aber *du* wolltest doch in die Stadt! Wir sind gerade mal eine halbe Stunde unterwegs. Chérie, komm, lass uns wenigstens ein bisschen was erkunden. Schau mal, ich würde schrecklich gerne hoch zu dem berühmten Castillo. Guck mal, hier auf dem Plan: Sieht das nicht toll aus?"

„Na ja. Von mir aus. Aber nich zu Fuß, dat sag ich dir."

„Natürlich nicht. Da fährt bestimmt eine Bahn hin."

„Nä, ich weiß wat viel Besseres. Dat wollt ich auch immer schon mal."

„Was denn, mon amour?" Zärtlich streichelten seine Blicke ihr verschwitztes Gesicht mit dem zerlaufenen Make-Up. Er war unendlich stolz auf sie. Das Laufen in dieser Hitze mit all den Sachen an musste wirklich eine Qual für sie sein. Aber sie tat es für ihn. Dafür würde er sie später fürstlich verwöhnen. Er schluckte trocken. Er sah sich schon, wie er ihr die feuchten Dessous abstreifte …

„Aber Scherie-hi, wo bisse denn mit deine Gedanken? Du hörst ja gar nicht zu. Ich sagte, ich würde gerne mal mit so 'ner Rikscha fahren. Meinste, dat geht? Zur Festung?"

„Warum nicht? Los, gehen wir fragen. Es gibt ja genug davon."

Beschwingten Schrittes steuerte Klaus-Dieter auf die vorderste freie Fahrrad-Rikscha zu.

„Sorry, ich bin schon besetzt", winkte der Fahrer ab, als er Elfie sah.

Erst bei der vierten Rikscha schienen sie Glück zu haben: „Zum Castillo? Mann, das sind zehn Kilometer! Sie ja, - aber Madame? Ich weiß nicht …" Der Fahrer, ein junger, kräftiger Mann mit chinesischen Wurzeln und ausladenden Waden kratzte sich skeptisch am Hinterkopf.

„Ich leg auch noch einen Zehner obendrauf." Klaus-Dieter wollte seiner Elfie unbedingt den Wunsch erfüllen, galt es doch, ihre Borsten zu glätten und sie positiv auf die Nacht einzustimmen.

„Hm, na ja, versuchen können wir es ja mal. – Also, Madame, steigen Sie ein, aber schön vorsichtig und langsam."

„Junger Mann, ich bin immer vorsichtig und langsam." An Klaus-Dieters Hand erklomm sie die Rikscha, der Fahrer presste sich mit angsterfüllten Augen beide Fäuste in den Mund und hielt die Luft an. Langsam senkten sich Elfies hintere Massen auf die schmale Holzbank.

Der Krach war ohrenbetäubend.

Die Bank zerbarst in tausend Splitter.

Elfie schrie.

Die Rikscha kippte nach hinten.

Das Fahrrad darunter war wie plattgewalzt, Klaus-Dieter vor Schreck zur Salzsäule erstarrt.

Der Fahrer sprang kreischend in die Luft und versuchte, sein Fahrrad unter der Rikscha hervorzuziehen. Die umstehenden Fahrer bekreuzigten sich verstohlen und dankten der Madonna, dass es nicht *ihre* Rikscha war.

Endlich erwachte Klaus-Dieter aus seiner Schreckstarre. Er stürzte auf die zerborstene Rikscha zu, zog und zerrte an Elfie, aber sie rührte sich nicht. Verkeilt in Holz, Girlanden und Plastikfolie, die Beine in der Luft, schien sie einer zerbrochenen, überdimensionalen Puppe zu gleichen.

„'alten Sie endlisch den Mund!", schrie er den heulenden Fahrer an. „Allez! Aidez-nous , help!"

Zögernd näherten sich einige Fahrer dem Unglücksort, aber statt anzupacken, beäugten sie die reglose Elfie mit dem rosa Faltenrock überm Gesicht, der verrutschten Bluse und den darunter bebenden Zwillingstürmen. Sie stießen sich vielsagend mit den Ellbogen an: *Hast du so was schon mal gesehen?*

Klaus-Dieter rastete aus: „Bagage, ihr!" Mit einer Hand zerrte er den verklemmten Rock herunter, mit der anderen versuchte er, ihren Busen zu bedecken. „Wagt es nischt, meiner Frau unter den Rock zu gucken!

Mac

Und ihr Busen gehört mir! Mir! Verstanden? Und jetzt helft mir gefälligst! Ruft einen Krankenwagen! Notarzt! Au se-couuuuurs!“ Dicke Tränen liefen ihm übers Gesicht.

Da schlug Elfie die Augen auf und blinzelte verwirrt ins Sonnenlicht. „Scherie-hi, wat is denn? Wat schreiste denn so? Weinst du? – Und wer sind denn all die Männer? – Nu steig doch endlich mit ein. Wir wollen doch hoch zum Fort.“

Klaus-Dieter fiel in Ohnmacht.

Oktoberfest

Elfies Häkelclub hatte sich für die diesjährige Tour etwas ganz Verwegenes ausgedacht. Keine Wanderung, keine Kaffeefahrt, kein Planwagen – nein! Zum Jubiläum gedachten sie zum Oktoberfest nach München zu fahren. Und die Männer wurden auch dazu eingeladen. Allerdings durfte nur mit, wer wies'nmäßig gekleidet war. So lautete die Bedingung. Die Frauen beschlossen aus diesem Grund, gemeinsam eine Vortour zu machen und sich dabei gleich einzukleiden.

An einem Donnerstagvormittag brausten sie los: Sechs gestandene niederrheinische Frauen in ausgelassener Vorfreude. Ihr Ziel hatten sie im Netz recherchieren lassen: Müllers in München. Da sollte es die größte Auswahl an feschen Dirndln und all dem dazugehörigen Zeugs geben.

Mit Elfie als Flaggschiff enterten sie das Geschäft: „Tach, ich bin Elfriede Mullfuß und dat sind meine Häkelfrauen. Wir wollen uns hier einkleiden für die Wies'n."

Hinter einem der dicht behängten Kleiderständer kicherte es: „Ob die denken, wir verkaufen hier Zirkuszelte?"

Elfie runzelte die Brauen. *Wat war dat denn hier für'n Saftladen, wo man sie verarschte, kaum, dat se eingetreten waren?*

„Hör'n Se mal, wir können auch gern woanders einkaufen, wenn Sie meinen, dass wir Zelte brauchen." Elfies Natursprache ging über in Hochdeutsch.

„Meine Damen, entschuldigen Sie bitte, selbstverständlich werden wir Sie ganz nach Ihren Wünschen beraten und bedienen." Ein älterer Verkäufer kam dienernd auf sie zu und hob die Stimme: „Ganz besonders gern werden die jungen Damen dort hinten für Sie da sein!“

Das Kichern erstarb auf der Stelle. Elfie zögerte, dann ließ sie sich gnädig herab.

„Na gut. Aber …“

„Bitte folgen Sie mir. Ich werde Sie selber beraten.“

Der Verkäufer betrachtete Elfie wohlwollend „Meine Dame, *Sie* eignen sich ganz hervorragend für ein Dirndl. Die anderen Damen können sich auch gern schon mal umschauen oder die Zwischenzeit mit einem Gläschen Sekt vertreiben.“

„Nu sabbern Se mal nich so rum. Zeigen Se mir lieber, wat Se so da haben in meine Größe 48.“

Der Verkäufer zuckte leicht zusammen und wies die Damen zu einer Sitzgruppe.

„Dann fangen wir mal an: Also, beim Dirndl ist das *Darunter* sehr wichtig, damit das *Darüber* auch optimal zur Wirkung kommt. Wir brauchen also einen speziellen Dirndl-BH, der den Busen unter der Bluse hervorhebt. Obwohl – ähm – na ja …“ Er zwang seinen Blick gewaltsam zur Seite und räusperte seine Stimme frei: „Hrrm! Na ja … bei Ihnen ...“

„Wat is bei mir?“ Die Drohung in Elfies Stimme war nicht zu überhören.

„Nichts! Alles bestens. Ich wollte nur sagen – ich meine – also – ähm …“

„Jetzt stottert der auch noch.“ Elfie drehte sich zu ihren Frauen um, die mittlerweile ihre Häkelbeutel ausgepackt hatten und sich eifrig werkelnd in der Sitzecke bei Sekt unterhielten. „Ihr kriegt wohl gar nix mehr mit – oder?“

„Elfie, komm, trink auch ein Schlückchen Sekt, das beruhigt und glättet deine Nerven.“

„Gib her! – Und Sie, Sie holen mir jetzt mal wat zum

Anprobieren, aber flott. Ich meine dat Drunter und Drüber, die ganze Chose. Wir müssen ja mal irgendwie zu Potte kommen. Schließlich brauchen die anderen Damen auch noch ein Outfit."

Zehn Minuten später trat Elfie aus der Umkleide, die Flasche Sekt in der Hand.

„Kannste uns vielleicht auch noch was geben?" Fünf leere Sektgläser streckten sich Elfie entgegen.

„Gleich. Erst gucken." Elfie nahm einen tiefen Schluck und drehte die Flasche um: „Pech. Leer!" Dann drehte sie sich schwungvoll um ihre eigene Achse. Die beiden jungen Assistentinnen rissen geistesgegenwärtig den Kleiderständer mit den kostbaren Trachten zur Seite.

„Uppsalala! – Mein Gott, wat stellt ihr euch denn so an? Is doch nix passiert. Als wenn *ich* hier wat kaputt machen würde! – So, und nun Sie", wandte sie sich an den Verkäufer. „Dat is ja schon ganz nett, aber dat sind nur teilweise meine Farben. Rot is gut, aber grün? Grün geht gar nich. Dat beißt sich doch mit meine Haare. Also ich seh in Grün aus wie 'ne Rheinleiche. Nä, ich brauch freundliche Farben – rosa, pink. Ham Se so wat? Am liebsten – ähm – rotes Dirndl, rosa Bluse, pinkfarbene Schürze. Der BH kann ja meinetwegen weiß sein. Dat sieht so schön unschuldig aus."

Es dauerte, aber irgendwann, kurz vor Ladenschluss, als der Verkäufer sich nur noch verzweifelt wünschte, die Erde möge sich auftun und diese Frau verschlingen, gab Elfie sich plötzlich zufrieden. In vollem Ornat drehte sie sich selbstgefällig vor dem hohen Spiegel: „Dat behalt ich gleich an. Und jetzt brauch ich noch für meinen Scherie dat passende Zeugs."

„Aber – es wäre doch besser, wenn der Herr Gemahl selber mal vorbei käme zum Aussuchen und Anprobieren."

Mac

Im Gesicht des ältlichen Verkäufers stritten sich Verzweiflung und Erschöpfung mit Resignation. „Na gut. Welche Größe trägt der Herr Gemahl?" Gleichzeitig zog er schon riesige Krachlederne, Hemden in Übergröße, Wollstrümpfe und Wadenwärmer aus den Regalen.

„Größe 48."

Der Verkäufer traute seinen Ohren nicht. Wahrscheinlich lag es an seiner die Erschöpfung. Er warf die Sachen auf den Tresen.

„48 hab ich gesagt." *Mein Gott, wat für'n Waschlappen. Der sollte vielleicht lieber die Frührente einreichen. Der war ja völlig überfordert mit seinem Job. Tss.* „So, Männeken, jetzt suchen Se mir mal eine zierliche Lederhose, ein tailliertes Hemd und alles, wat aus einem eleganten Franzosen einen stilechten 'Wies'n-Bayer' macht."

Für das Hemd reichte ihr erster Blick – passt! Die Lederhose hielt sie sich gegen den unteren Teil ihres Oberschenkels – passt auch! Mit den Strümpfen, den Stulpen mit Bommeln war sie ebenfalls schnell durch. Der Verkäufer begann an Wunder zu glauben. „Vielleicht sollten Sie aber noch Hosenträger dazunehmen, nur für den Fall, dass die Hose vielleicht …"

„Quatsch! Wenn ich sag, dat passt, dann passt dat. Aber okay, die nehm ich sowieso – mein Gatte steht nämlich auf Hosenträger. Und ich auch. Hihihihi! Ich lass die immer zurückflippen, das macht ihn ganz wild!"

Klaus-Dieter hasst Riesenräder. Er hasst eigentlich alles, was sich in die Luft erhebt. Aber wenn man in knackigen Lederhosen (für Erwachsene) steckt, ein Bier (für Erwachsene) in der Hand hält und eine Traumfrau (mit Material für drei Erwachsene) ihn beschützend auf dem

Schoß hält, dann fühlt man sich als Mann. Stark. Glücklich. Geliebt.

Und über dem Lärm der Wies'n erschallt es zweistimmig:

„Frère Jacques“,

„Bruder Jakob,“

„dormez-vous?“

„schläfst du noch?“

„Sonnez les matines?“

„Hörst du nicht die Glocken?“

„DING DANG DONG!“

„DING DANG DONG!“

„SCHERIE-HI, mein Scherie-hi, ich liebe dich!“

Danke

Ich danke meinem Mann, der fast klaglos akzeptiert hat, dass ich unser beschauliches Rentnerleben immer wieder mit langen, für ihn kommunikationsarmen Zeiten unterbreche, in denen ich abtauche, um am Laptop Geschichten zu schreiben.

Ein weiterer Dank geht an die Autorin Renate Anna Becker aus Emmerich. Ohne ihr permanentes Drängen hätte ich Elfie und ihren Scherie-hi niemals zwischen zwei Buchdeck geklemmt.

Ebenso danke ich Renate Zawrel, die von der ersten Leseminute an begeistert von Elfie und Scherie-hi war und die beiden bis zum 'Buchdeckel-Erlebnis' begleitet hat.

Christel Wismans, Jahrgang 1947, lebt schon immer in Emmerich am unteren Niederrhein.

Sie ist verheiratet, hat zwei Töchter und drei Enkel. Ausbildung zur Bankkauffrau, später Mitarbeiterin im Service einer Versicherung und Familienmanagerin für Jung und Alt.

Die Freude am Schreiben wurde ihr schon in die Wiege gelegt, die Zeit dazu kam allerdings erst Jahrzehnte später.

2006 erste Gehversuche als *Oma Crissy* im Online-Forum Opinio mit Gedichten und Geschichten über Kinder, Reisen und Erlebnisse aus dem täglichen Leben, in den nächsten Jahren zwei private Bücher, gedruckt bei BoD (Books on Demand),

2011 das erste Buch: *Himbeerrote Knallbonbons – Eine Oma erzählt Kurzweiliges und Märchenhaftes aus der Welt der Kleinen – damals und heute.* Engelsdorfer Verlag, Leipzig, ISBN: 978-3-86268-341-3

seit 2011 Bürgerreporterin beim Lokalkompass Emmerich,

2012 das nächste Buch mit chaotisch- lustigen Reiseerlebnissen: *Emmerich in Übersee – unterwegs mit dem Travel-Chaos,* gedruckt von BoD – ISBN: 978-3-8482-2003-8

http://christelwismans1947.jimdo.com/

Mac

Gottfried (Mac) Lambert, 1938 geboren, lebt und arbeitet in Goch (Niederrhein).
Nach der Gesellenprüfung als Schlosser/Kunstschmied studierte er Grafik an der Werkkunstschule Krefeld; arbeitete für Verlage und grafische Betriebe – immer öfter auch freiberuflich – an unterschiedlichsten Projekten.

Seit 1963 zahlreiche Ausstellungen seiner Zeichnungen, Cartoons und Fotoarbeiten.

In 2009 erschien sein Buch „vor allem Gesundheit", Cartoons, ISBN 978-3-938889-74-9;
in 2012 „Das Flüstern der Steine" Lyrik, Texte, Fotos und Grafik, ISBN 978-3-85040-641-3 und
in 2015 „Männer & Frauen", Cartoons, ISBN 978-3-7347-7583-3

„Jedes Wort ein Atemzug"
Buchserie der AutorInnen von „Respekt für Dich"

Ein gemeinsames Buchprojekt gegen Gewalt, initiiert von der Österreichischen Autorin Karin Pfolz, soll den gemeinsamen Weg Europas gegen Gewalt zeigen. Hunderte Autorinnen und Autoren aus ganz Europa beteiligen sich daran. Der Erlös aus den Büchern fließt in die Gewaltopferhilfe.
„Mit diesem Buchprojekt wird die Idee der Europaratskonvention unterstützt, wonach Gewalt an Frauen und Kindern kein Tabuthema mehr ist", so Gisela Wurm (Vizepräsidentin des Europarates und Vorsitzende des Ausschusses für Gleichbehandlung und Nichtdiskriminierung).
Die Bücher sind europaweit im guten Buchhandel erhältlich, bei Amazon, Thalia und anderen E-Stores und bei www.karinaverlag.at

An dieser Buchreihe haben sich 143 Autoren aus ganz Europa beteiligt. Es ist ein gemeinschaftlicher Weg gegen Gewalt. Der Erlös fließt in die Gewaltopferhilfe und unterstützt die Autonomen Österreichischen Frauenhäuser und "GewaltfreiLeben". In diesem Band finden sich Kurzgeschichten aus der ganzen Welt. Schöne, traurige, kurzweilige, welche zum Nachdenken, witzige und Einfühlsame. Ein Werk, das für gute Unterhaltung und Entspannung sorgt.

ISBN: 978-3-950386-26-4

Karina-Verlag, Vienna
http://www.karinaverlag.at/

karina.bookoffice@gmail.com